CAMI ZULUAGA

Metro y un medio

Aprender a AMAR(ME)

Una guía para despertar tu amor propio

VERGARA

Penguin
Random House
Grupo Editorial

Título original: *Aprender a amar(me)*

Primera edición: junio, 2023

© 2021, Camila Zuluaga
© 2021, Penguin Random House Grupo Editorial, S.A.S.
Carrera 7 # 75-51, piso 7, Bogotá
PBX (57-1) 743-0700
© 2023, Penguin Random House Grupo Editorial USA, LLC
8950 SW 74th Court, Suite 2010
Miami, FL 33156
Diseño de cubierta y páginas interiores: Lyda Naussán R.
Iconos y ornamentos de cubierta, contracubierta y páginas interiores: Freepik.com
© Fotografía de la autora: Giorgio del Vecchio
Tipografía Abyss: © FagoStudio.

Impreso en Colombia – *Printed in Colombia*

ISBN: 978-1-64473-822-1

23 24 25 26   10 9 8 7 6 5 4 3 2 1

Para el regalito que me mandó Dios
y crece en mí mientras escribo este libro.

Para mi mamá, mi motor y fuerza mayor.

Para mi papá, que me enseña cada día
que sí es posible volver a comenzar.

Para mi familia, que no me ha dejado sola
ni un momento en este camino.

Para las mujeres maravillosas
que hicieron posible este libro.

Y para mis seguidores,
soy quien soy gracias a ustedes.

CONTENIDO

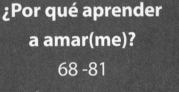

Presentación

Toda mi vida he estado lista para ayudar a los demás. Desde chiquita siempre intenté resolverles los problemas a otros. Si una amiga estaba en apuros, yo hacía todo lo que fuera necesario para ayudarla, incluso por encima de mis necesidades. Siempre lo entregaba todo y creía que esto estaba bien, pero un día toqué fondo y comprendí que me estaba haciendo daño.

Ahora, después de varias depresiones y de una crisis muy fuerte, acepté que soy codependiente: soy adicta a las relaciones tóxicas. Por fortuna, en el camino a mi sanación descubrí el amor propio, y eso cambió mi vida.

Por esto decidí escribir este libro, que está hecho desde el corazón. Quiero compartir mis experiencias para que todas las personas que lo lean aprendan a amarse a sí mismas. Yo aprendí que si uno no se ama a sí mismo, es imposible amar a los otros de una manera sana, y por eso existen las relaciones tóxicas. Cuando entendí esto comencé a amarme, a poner límites, a pensar en mí y cuidar de mis necesidades. Gracias a esto tengo una relación sana con mi esposo y busco que así sean todas las demás relaciones de mi vida.

Quiero que quien lea este libro entienda que el amor no tiene que doler, que no es algo por lo que uno deba sufrir. **¡Una relación no tiene que ser tóxica!** Debe hacernos felices, llenarnos de emoción y todas las cosas bonitas que uno siente cuando está con alguien que ama. Infortunadamente, estamos en una sociedad en la que las relaciones tóxicas parecen un chiste, pero estas no deberían normalizarse.

Existen muchos rasgos de la codependencia que se pueden ver reflejados en nuestra personalidad, pero no por ello somos codependientes; sin embargo, sí creo que reconocerlos es una gran herramienta para aprender a amar bien, para tenerse a sí mismo como una prioridad y respetarse, tener relaciones sanas y buenas con todo el mundo. No espero que las personas que lean este libro se sientan identificadas con todo lo que encuentren aquí sobre este mal y digan: "¡Ah! ¡Soy codependiente!". No. **Mi propósito es despertar el amor propio de**

todos los lectores, y que quien piense que necesita un acompañamiento profesional sepa que está bien pedir ayuda.

Este libro no es estático, no es para que se quede en tu biblioteca y ya, sino para que interactúes con él, para que apliques las herramientas y los consejos que te voy a dar. Vas a encontrar páginas para escribir, rayar, dibujar. Quiero que puedas releerlo cuando estés pasando por un mal momento, o por uno bueno y quieras recordar tu recorrido. ¡Quiero que te acompañe siempre! Que lo tengas en tu mesa de noche y puedas consultarlo con frecuencia.

Soy fiel creyente en que Dios me tiene aquí por un propósito, y por fortuna lo descubrí temprano en mi vida. Sé que todo lo que he vivido ha sido para ayudar a otras personas y decirles que uno sí puede vivir en plenitud. Cuando acepté los rasgos de la codependencia en mí, cambié y empecé el proceso para amarme a mí misma. Ha sido maravilloso, porque **cuando aprendes a amar y a tener relaciones sanas, entiendes que el dolor no es una opción.**

Primer capítulo

-mi- DESPERTAR

Quiero empezar por contarles que, durante muchos años, se pensó que la codependencia se presentaba solo en las familias donde había un adicto, pero con el tiempo eso ha cambiado. Vivimos en una sociedad tan tóxica que ahora vemos casos de personas codependientes que no provienen de familias disfuncionales.

Yo soy hija única, la más deseada y cuidada. A mi mamá le tocó criarme prácticamente sola, pues se separó de mi papá porque él tenía una adicción muy fuerte. Ella hizo todo lo que pudo para que su relación funcionara, pero fue imposible. Mi papá siguió estando presente en mi vida, solo que a veces yo no entendía por qué había largos periodos en los que no estaba conmigo.

En mi casa nunca se habló de la adicción de mi papá. Yo me enteré de esto cuando ya era mayor de edad, porque mi mamá le hizo jurar a él que no me podía contar absolutamente nada, si quería tener una relación seria conmigo. Esto responde al deseo de mi mamá de que yo viviera siempre como en una bolita de cristal, sin problemas ni preocupaciones. Ella quería que yo fuera una niña feliz y que nada me hiciera daño. Sé que tenía las mejores intenciones del mundo, ¿qué mamá quiere que su hija sufra? Pero ahora, después del camino que he recorrido, estoy convencida de que el hecho de saber lo que pasa alrededor de nosotros, sin nada que maquille las situaciones, es clave para superar cualquier obstáculo que se nos presente.

A mis dieciocho años, mi papá se internó en un centro de rehabilitación; él ya había intentado recuperarse dos veces, pero no lo había logrado, así que esta era su última opción. Era internarse o morirse. Para su proceso, era muy importante que yo conociera la verdad, porque eso le iba a ayudar, así que un día me llamó y me pidió que fuera a hablar con él. Cuando llegué al lugar que me había indicado, le hicieron una terapia de choque: le dijeron que debía aceptar su adicción frente a mí, y le pidieron que me contara detalles de esta. Entiendo que este paso era fundamental para su proceso, pero ahora sé que, a veces, cuando algo resulta beneficioso para una persona, puede ser contraproducente para otra, y puede traerle a esta última muchos traumas y problemas. Pero también entiendo que ese día él tenía que pensar en sí mismo, en nadie más, porque si no, no iba a poder sanarse; ahí comprendí lo que es amarse responsablemente, y que cuando uno tiene toda la intención de mejorarse, nada ni nadie se lo puede impedir.

Me impactó muchísimo su historia, sobre todo cuando me contó que un día, cuando yo tenía cuatro años, él fue a comprar droga y me dejó en el carro. La policía lo capturó y yo me quedé en el carro sola, mientras él lograba salir del centro de detención. No sé cuánto tiempo estuve allí. Esta historia resultó esclarecedora para mí, pues yo tiendo a estresarme mucho en lugares cerrados y pequeños, desde siempre, y nunca había entendido por qué. Pero claro, hay muchas cosas que pasan en nuestras vidas, muchos traumas, que tienen su origen en situaciones de nuestra infancia que seguramente ni recordamos, o que nuestro cerebro ha borrado para protegernos.

Esta historia me marcó mucho. Hasta entonces había tenido una imagen muy distinta de mi papá, y que le quitaran la máscara fue algo muy difícil para mí. Siendo muy sincera, creo que habría preferido no enterarme de muchas de las cosas que me contó ese día, pero sé que esa charla fue un punto de quiebre muy importante para su proceso... aunque yo necesité apoyo profesional para superar el tema. Mi mamá pensó que lo mejor era que yo consultara a un psicólogo para aceptar lo que había pasado, así que en ese momento comencé a ir a terapia, obligada. Unos años antes había tenido una especie de ataque de pánico que me llevó a urgencias, donde el doctor me recetó un antidepresivo. Me lo tomé por una semana, pero me volví una persona completamente diferente; parecía un ente, así que lo dejé. Desde ese momento le cogí miedo a todos los temas relacionados con la salud mental, así que después de la revelación de mi papá, mi mamá escogió un psicólogo y me llevó a la fuerza. Sin embargo, **poco a poco fui entendiendo que el apoyo psicológico es fundamental, es muy positivo, y este espacio ha sido súper enriquecedor para mi vida.**

Conocer la verdad sobre mi papá hizo que muchas cosas cobraran sentido para mí: entendí mis vacíos y comprendí que mis dependencias emocionales venían de mi infancia. Yo siempre había sentido que a mi vida le faltaba una pieza; cuando la gente me veía por fuera, todo estaba bien, pero por dentro yo sabía que había algo que no me cuadraba. Cuando hablé con mi papá empecé a comprender muchas cosas, aunque fue un momento muy duro para mí.

☆ ✳ ☆

Durante toda mi vida he dependido totalmente de otras personas. Por ejemplo, con mi mamá tengo una relación espectacular, de esas que todo el mundo quisiera tener: somos amigas, confidentes y vivimos enamoradas la una de la otra. Pero sé que esto es algo extremo que no debería ser así, pues es una codependencia muy dura en la que estoy trabajando. Para tomar cualquier decisión, en el trabajo, con las redes sociales, siempre la tengo que llamar, le pregunto si algo está bien o mal, me paralizo si no tengo su aprobación. Aunque tengo veintisiete años, no hay día en el que no la llame a preguntarle algo; no quiero ni imaginar qué haré el día en que me falte... Es por esto que en esta vida debemos aprender a no depender de nadie.

También me cuesta opinar en mis redes sociales, incluso de temas triviales, porque quiero que la gente siempre me quiera, entonces prefiero ser neutral en ciertas situaciones a que la gente piense mal de mí. Un codependiente siempre quiere ser la imagen perfecta para los otros, y durante muchos

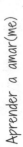

años los demás siempre pudieron contar conmigo para todo, pasando por encima de mis necesidades y mis prioridades: si una amiga o un familiar me pedían prestados cinco millones de pesos, yo se los daba sin pensar en mis finanzas. Lo importante para mí era siempre decir "sí", porque yo quería mostrarme perfecta y disponible; quería sentir que me necesitaban y que yo podía resolverlo todo.

En mis primeras relaciones de pareja, incluso con mi primer novio, a los doce años, yo sentía que no podía vivir sin el otro. Con mi esposo Felipe llevamos once años juntos, y cuando éramos novios y peleábamos, yo no podía respirar, me dolía el pecho, sentía que me iba a desmayar del dolor. Incluso en una de nuestras separaciones le dije a mi mamá que llamara a urgencias porque yo sentía, literalmente, que se me estaba partiendo el corazón; era una adicción, pero aún no lo sabía.

Cuando eres adicto a una droga, no puedes vivir sin ella, y la droga de mi predilección era mi novio. Mucha gente veía mi situación como si fuera un gran enamoramiento; pensaban: "¡Ay!, es que ella ama muy fuerte", pero no. Yo estaba enferma, y esa enfermedad se llama codependencia. Más adelante explicaré en detalle qué es y cómo funciona, pero por ahora les cuento que ser codependiente es ser adicta al sufrimiento, al dolor, a las relaciones tóxicas. Es dejar de pensar en uno mismo para vivir en función de otra persona, dejando a un lado las necesidades propias. La llaman la enfermedad de las emociones.

Para mí estar enamorada era tan pasional que me dolía. Durante mi primera pelea con Felipe estuve en cama varios días, comí poco y lloré mucho. Me sentí tan mal que me di cuenta de que me pasaba algo más profundo. Hablé con una persona que el destino me puso en frente y me dijo: "Camila, yo creo que tú eres codependiente".

Esta persona me invitó a un grupo de apoyo para personas con esta enfermedad. Esto sucedió hace siete años, y en ese momento la verdad no me sentí identificada con la codependencia porque las historias de las personas del grupo eran muy dramáticas: mujeres a las que sus novios o esposos les pegaban y ellas no eran capaces de separarse, o personas a quienes sus parejas les robaban para comprar droga y no hacían nada para evitarlo. A mí me parecía que yo no tenía una relación tan tóxica; sabía que las cosas no eran del todo normales, pero todo estaba bajo control.

Ahí no sabía que cada persona tiene límites diferentes. El límite es cuando uno dice "ya no más, hasta aquí llegué", y pide ayuda. Puede que alguien llegue a su límite con una situación muy grave, pero para otra persona puede que con una mentira baste. Años después me di cuenta de que yo hacía rato que había sobrepasado mi límite.

☆ ✳ ☆

Cuando terminé el colegio me fui a estudiar a Estados Unidos, que era uno de los grandes sueños de mi vida. Desde que estaba en bachillerato lo había planeado todo: había encontrado la mejor universidad de moda en Nueva York y estaba lista para comerme el mundo. A medida que se acercaba el momento de mi viaje, mi emoción estaba a tope; ¡no podía creer que por fin iba a cumplir mi sueño, en la ciudad más espectacular del mundo!

Pero cuando llegué a Estados Unidos, mi vida cambió por completo. Tenía diecinueve años, así que no era mayor de edad allá, a diferencia de mis compañeras, que se la pasaban de fiesta y yo no podía ir con ellas. Esto hizo que fuera súper difícil encajar. Además, nunca había tenido que preocuparme por cuidar mis finanzas, pues en mi casa lo tenía todo. Mientras estuve allá, mis papás me enviaban dinero y yo decidía qué hacer con él; había días en los que me compraba cosas innecesarias y después no tenía ni con qué pagar el almuerzo... Siento que en mi casa nunca me prepararon para el mundo real —de nuevo, soy consciente de que lo hicieron con la mejor de las intenciones—, así que salir de mi burbuja fue un choque tenaz; fue una mezcla de muchas cosas que me hizo explotar.

Como si fuera poco, estando en Nueva York terminé con mi pareja, y pensé que me iba a morir. Vivía con mi prima y ella estaba muy preocupada, pues yo solo dormía y lloraba. Ahí me di cuenta de que lo que me estaba pasando era diferente a la tristeza, yo ya no sentía la plenitud de la vida. ¡Estaba en Nueva York, la capital del mundo, y no quería salir! Comprendí que algo muy serio me estaba pasando. Recordé los grupos de codependencia a los que había asistido en Colombia y busqué si había alguno en Nueva York, que fuera en español, y encontré un par. Decidí ir, aunque me tocaba tomar algunos trenes para viajar de Manhattan a Queens, y el trayecto era desgastante para la poca energía que tenía por esos días. Sin embargo, me seguía sintiendo desubicada en esos grupos, sentía que no eran para mí; todavía no estaba lista para recibir el mensaje.

Llamé a mi mamá y le dije que me sentía muy mal, que me iba a devolver. Duré tres meses en Estados Unidos y volví a Colombia pesando treinta y cinco kilos. Sentía que había defraudado a mis papás, que habían gastado un montón de dinero en mí, y yo no había hecho nada de lo que estaba planeado. En ese momento no consulté a ningún psiquiatra, aunque sí fui al psicólogo, que me ayudó a enfrentar esta situación.

Regresé a Colombia y entré a la universidad a estudiar Mercadeo y Comunicación de la Moda, lo que me cambió la vida. Fue una época muy chévere, pues tuve mucha libertad y autonomía, así que estaba en un muy buen momento. Una de las tareas que me pusieron fue escribir un blog, lo nombré "Metro y un medio", porque soy muy bajita —mido 1,48—, ¡y fue un éxito! Después de esto creé mi canal de YouTube y **descubrí que grabar videos me hacía realmente feliz, aunque sabía que por dentro no había sanado del todo.**

Con el éxito también explotó en mí una emoción muy grande, pues me estaba viendo gente de todas partes del mundo, y en ese momento eso era algo muy especial; esto sucedió en el 2014, cuando ser *youtuber* o *blogger* era muy extraño. **Yo sentía que había nacido para este trabajo, que tenía una voz y podía ayudar a la gente.** Recuerdo que cuando era pequeña siempre decía "Cuando sea grande, voy a ser famosa", aunque no tenía claro a qué me iba a dedicar, pues no era buena actuando y tampoco es que cantara mucho... pero, una vez más, Dios se encargaría de recordarme que las cosas que son para uno siempre encuentran su camino, y llegan de la manera más inesperada.

Con "Metro y un medio" llegaron la fama, el reconocimiento y los viajes, y para mí era demasiado emocionante que la gente me quisiera y me necesitara. Si no subía un video, las personas me escribían preguntándome dónde estaba. Ahora sé que este era el trabajo perfecto para una persona codependiente como yo, pues me alimentaba de la necesidad que sentían mis seguidores de querer ver y saber más de mí. Además, ¡podían ver una versión completamente editada y perfecta de Camila! Me parecía genial.

Fueron unos años muy lindos que siempre llevaré en mi corazón y en mi alma. Me hizo mucho bien mi canal, todo lo que yo quería ser lo estaba reflejando allí. No quiero que piensen que todo lo que yo mostraba en redes era falso, o que era una mentira; sí, es cierto que yo tenía una herida muy adentro que no terminaba de sanar, y que cuando empecé a trabajar en redes sociales no estaba lista para compartirla con el mundo, pero mis redes y el contacto con mis seguidores siempre fueron genuinos, y de hecho me ayudaron muchísimo a levantarme cuando creía que todo estaba perdido. Para mi autoestima fue importantísimo tener una comunidad que me quería, que se preocupaba por mí, creía en las cosas que le contaba y que se interesaba por mí; aunque yo no confiaba en mí, había gente que sí lo hacía, y eso cambiaba toda la ecuación.

Mis seguidores me levantaron, pero la herida seguía estando ahí; si algo pasaba, esa herida se abría. La terapeuta me recomendaba ir a grupos de codependientes, pero yo seguía creyendo que no eran para mí. Yo continué trabajando en terapia mis "episodios de tristeza extrema", pero nunca iba a la raíz del problema. Desde el 2011 me diagnosticaron un trastorno de ansiedad, pero nada más.

En 2016 tuve una pelea muy fuerte con mi pareja y terminamos —¡Ay! ¡Se me había olvidado contarles que habíamos vuelto!—. Viví un episodio muy fuerte de tristeza y empecé a leer mucho sobre depresión, aunque no tenía un diagnóstico claro (solo lo supe a ciencia cierta en 2019, cuando fui a la psiquiatra); en terapia solo me decían que yo era "muy emocional", pero yo tenía claro que lo que me estaba pasando iba mucho más allá de una tristeza normal, así que decidí contar públicamente que sufría de depresión. En ese momento no estaba medicada ni en tratamiento psiquiátrico y, de hecho, después entendí que me faltaba comprender a profundidad de qué se trata realmente esta enfermedad. Sin embargo, la gente comenzó a conectarse conmigo porque en esa época era muy raro hablar en público de salud mental —todavía lo sigue siendo, aunque hemos mejorado bastante—. La verdad decidí hablar de este tema porque en ese tiempo no estaba sintiendo una conexión tan fuerte con mis seguidores, y recuerdo que una influenciadora muy famosa me dijo que cuando la gente se siente conectada con uno, es cuando más lo quieren; que no me diera miedo hablar de esas cosas, porque iba a generar empatía y la gente se iba a sentir identificada conmigo.

Cuando me abrí a contar lo que me pasaba y me sentí vulnerable, comencé a recibir un montón de mensajes; en efecto, muchas personas se identificaron conmigo y con mi proceso. Esto trajo dos cosas a mi vida: una, la sensación de que no estaba sola, y dos, una responsabilidad tan fuerte que me hacía pensar "si yo no salgo de esto, la gente va a creer que no puede salir". Recibía comentarios como: "Hola, Cami, me quiero suicidar", y yo pensaba que, si no le respondía a esa niña, podía tener un muerto encima. ¡Era una responsabilidad muy grande, muy horrible!

Poco a poco fui aprendiendo a soltar las cargas de los otros, pues me estaban afectando muchísimo. **En mi proceso entendí que no me puedo responsabilizar por las acciones de los demás**; que en mi trabajo como influenciadora puedo compartir herramientas, datos de terapeutas y líneas de atención que pueden servirle a la gente, pero no puedo cargar con los problemas de los otros porque esto me hace mucho daño. Mi terapeuta me prohibió responder este tipo de mensajes, porque me estaban afectando muchísimo. ¡Yo no soy de hielo! Y obviamente me dolía muchísimo leer esas palabras, pero no había nada que yo pudiera hacer; me sentía impotente, y aunque quería dar todo de mí para ayudar, sé que no es suficiente, y que no puedo arriesgar mi propia salud mental. Además, comprendí que yo solo soy responsable de mí misma, de mis acciones y mis actitudes. Hoy en día respondo algunos de estos mensajes, y si no me vuelven a escribir, me siento fatal, me imagino lo peor y retrocedo en mi proceso; pero también aprendí que debo ser responsable con mi rehabilitación y no cruzar los límites que me he impuesto para asegurar mi bienestar. **Y esto no es ser egoísta: simplemente comprendí que primero estoy yo y después los demás, y así debería ser siempre.**

Voy a adelantarme un poco en mi historia para contarles algo que me ocurrió unos años después, pero me parece muy pertinente incluirlo en esta parte del libro. Pocos días antes de internarme fui a un grupo de oración, y una señora se acercó a decirme que su hija era mi seguidora y se había intentado suicidar; yo ya había contado en redes que tenía depresión, pero no había dado más detalles de lo mal que estaba en ese momento. Le pedí a la señora que me llevara adonde su hija y hablé con ella. Yo, la verdad, estaba mucho peor que ella, pero en ese momento me puse la máscara de "todo está perfecto, tú puedes lograrlo". Creo que fue un momento muy especial para ella, fue súper lindo, estuvimos hablando como dos horas, muy conectadas, pero la puse a ella primero que a mí. Le entregué el salvavidas y mi energía —que, cuando uno está deprimido, es muy limitada— a otra persona, y después me sentí fatal.

Al día siguiente fui a terapia, y mi terapeuta me regañó por haber ido a verme con esa niña en el estado en el que yo me encontraba; me dijo que, cuando hay una emergencia en un avión, lo primero

Aprender a amar(me)

que uno debe hacer es ponerse el oxígeno y después sí ayudar a otros, que esa es la ley básica de la vida: si tú no estás bien, no puedes ayudar a nadie, pero yo esto todavía no lo había interiorizado. Yo le pregunté por qué mis palabras podían ayudar a otro y no a mí, pues yo sabía que mi seguidora estaba bien, que había logrado ayudarla, y mi terapeuta me dijo que, para poder ayudarme a mí misma, debía aprender que primero estoy yo, por eso el título de este libro, *Aprender a amar(me)*. **Si uno se ama, va a poder amar a los demás, y va a dejar que ellos lo amen de una manera sana y feliz.**

Volviendo a la historia, seguí con mis terapias psicológicas y cinco meses después me sentí muy bien otra vez. Así llegó el 2017, un año de lujos, de mucho descontrol, de mucha fiesta y cosas tóxicas; a veces los vacíos internos se llenan con excesos, es como si hubiera cambiado mi droga predilecta (mi pareja del momento) por una nueva, la rumba. Si me sentía mal, me iba a una fiesta y lo superaba, pero siempre me cuidaba de no caer en una (otra) adicción, porque mi papá me había advertido que, por ser hija de un adicto, podía quedarme en cualquiera de estas.

En esa época la red más famosa era Snapchat. Yo no tenía filtro con nada de lo que mostraba; ni siquiera me importaba tener problemas con alguna marca que me dijera algo por estar tomada a las 6 de la mañana, o por grabar un amanecer con música electrónica de fondo. Recuerdo que grabé un montón de historias de rumba y vi cómo algunos de mis seguidores sufrían conmigo. Por ejemplo, una seguidora me decía todo el tiempo: "Cami, porfa cuídate mucho". Yo tenía veintitrés años, vivía sola, tenía muy buenos ingresos porque las redes sociales estaban explotadas, era la primera generación de *youtubers* y nos estaba yendo muy bien. ¡Era un desenfreno total! Hoy recuerdo esta época y me parece chévere haberla vivido, pues afortunadamente no dejó consecuencias negativas en mi vida, pero quiero recalcar en este libro que uno siempre se debe cuidar porque es muy fácil quedarse en esa vida de descontrol. Si yo no hubiera estado atenta, no estaría contando esta historia.

☆ ✳ ☆

El 2018 fue un año increíble: empecé a trabajar en ESPN, comencé un proyecto con cuatro amigas que se llamaba Team Queen, me nominaron a dos premios MTV y me fui a cubrir el Mundial de fútbol. Además, mi relación estaba atravesando por un momento espectacular, ¡tanto así que Felipe me propuso matrimonio!, cosa que yo no me esperaba. Todo era maravilloso.

El 2018 llegó con un éxito tras otro, pero yo no descansaba ni un segundo: en las mañanas trabaja en Los 40 Principales, en la tarde hacía contenido para mis redes sociales y en la noche trabajaba para ESPN. Comencé a sentirme mal y fui al médico general, que me hizo unos exámenes y resultó que tenía los niveles del cortisol demasiado altos. El cortisol sirve para ayudar al organismo a controlar el estrés y contribuye al buen funcionamiento del sistema inmune; por ejemplo, si a uno lo van a robar, el cortisol se eleva para poder salir corriendo, nos da la energía para huir en una situación de peligro. Yo no estaba en ninguna situación de peligro, pero tenía el cortisol muy alto, lo que implicaba que mi cuerpo estaba desbalanceado. Cuando uno tiene el cortisol tan elevado como yo en ese momento, esto significa que el estrés que sentimos es constante y puede llevarnos a sufrir ataques de ansiedad y de pánico. Como uno vive en un estado de alerta permanente, el cuerpo no duerme ni descansa, y, en mi caso, tampoco tenía nada de apetito. Esta fue la puerta al desbalance que me llevó a la depresión: aunque se suele pensar que la depresión es únicamente un tema mental, mis primeros síntomas fueron físicos. Es clave comprender que no solo los momentos de tristeza nos pueden llevar a esta enfermedad. De hecho, sé de algunas personas que han sentido dolores extremos por alguna lesión y, es tal la magnitud del dolor, que esto los lleva a sufrir de depresión.

Así, pues, decidí que mi salud era lo primero y que no podía seguir con el ritmo de vida que llevaba, ¡estaba agotada! Renuncié a ESPN y me quedé solo con mis redes sociales y la emisora.

Felipe y yo decidimos casarnos en febrero de 2019. Aunque la relación tenía problemas, siempre había amor, nunca hubo una infidelidad ni nada que no se pudiera resolver. Cada uno tenía una guerra interna que debía luchar solo, pero había mucho que rescatar. La vida cuando estábamos juntos era demasiado linda, así que casarse era la mejor idea; mucho más para mí, porque me encanta ser el centro de atención y siempre había soñado con mi matrimonio. Además, en una relación de tanto tiempo, este final era lo máximo.

La etapa de la preparación del matrimonio fue muy emocionante. Yo estaba muy bien, tenía mis trabajos, un montón de seguidores, y un éxito venía detrás de otro. No podía estar mejor profesional, física, emocional y económicamente. ¡Estaba en la cima!

Cuando uno se casa cree que va a vivir como en los cuentos de hadas: feliz para siempre. Pero algo en mí no había terminado de sanar, y fue así como en marzo, un mes después de la boda, comencé a sentirme muy mal. Felipe y yo ya habíamos vivido juntos, pero la seriedad del matrimonio nos presionó mucho y empecé otra vez a sentirme muy triste. A diferencia de los episodios depresivos que ya había vivido, este duró mucho más: pasaron tres semanas, un mes, mes y medio, y yo nada que mejoraba; por el contrario, sentía que cada vez iba más hacia abajo. Felipe estuvo muy pendiente de mí al principio, pero con el paso de los días comencé a alejarlo, porque, cuando uno está deprimido y es codependiente, no quiere ser el problema, ¡quiere ser la solución! Yo no quería ser una carga para él, ni para nadie. Me costaba muchísimo aceptar lo que me estaba pasando, me sentía muy culpable por sentirme mal si "lo tenía todo". Felipe siempre se inventaba algo para hacer, salir a caminar, ir a cine, invitar a mis amigas a la casa... millones de planes para que yo me sintiera bien, pero la verdad es que nada de lo que él ni las otras personas hacían me podía ayudar, así que empecé a alejarme de todos. Yo sentía una carga aún peor porque creía que estaba siendo una desagradecida con la vida. Hasta ese momento yo creía que debía soportar las cargas de los otros y no me daba cuenta de las mías.

Recuerdo que, en esos momentos, les decía a mis compañeros de la emisora que ellos eran la única razón por la que yo me levantaba en las mañanas; ellos se reían de mí, pues no sabían que mi comentario era literal: ellos eran mi única motivación. Solo me preocupaba quedar bien en el trabajo, era la única responsabilidad que tenía: esas cuatro horas en las que tenía que poner buena cara y ser chistosa me ayudaron mucho, aunque cuando se acababan volvía a mi realidad.

Creo que lo que más me gustaba de esas cuatro horas era que mis compañeros, como no tenían ni idea de lo que me estaba pasando, no me trataban con pinzas, como lo hacían mi familia y mis amigos, que cuidaban cada palabra que me decían, evitaban tener conversaciones fuertes conmigo y me complacían en todo lo que yo quería. Pero en la emisora era otro cuento, ahí me podía sentir como una persona normal. De hecho, si escuchan las grabaciones del programa, no van a creer que esa Camila que hacía chistes y se reía todo el tiempo estaba a semanas de terminar en un centro psiquiátrico. Este es un buen ejemplo de cómo las enfermedades mentales se pueden disfrazar tan bien, de cómo uno puede seguir siendo productivo y eficiente por fuera, así se esté muriendo por dentro, y de cómo uno puede sentir que solo cuatro horas de felicidad y normalidad son suficientes. Creo que a veces uno se conforma con ese ratico de calma, y por eso evita pedir ayuda, o se demora en hacerlo. **Pero aprendí que uno debe vivir con plenitud las veinticuatro horas de cada día, no solo cuando está con ciertas personas, o haciendo una actividad particular.**

Yo estaba en terapia con una psicóloga, y ella me dijo que ya era hora de consultar a un psiquiatra porque yo tenía depresión clínica.

Ahí ya estaba muy mal, no me podía ni parar de la cama. Mi esposo me levantaba, me metía a la ducha, me enjabonaba y me vestía. Yo era como una inválida y me sentía plana, nada en este mundo me motivaba. Además, empecé a sufrir de insomnio. Trabajaba en la emisora de 6:00 a. m. a 10: a. m., llegaba a mi casa y no salía de la cama en todo el día; intentaba dormir, pero no era un sueño profundo, pues sentía que alguien iba a entrar y me iba a matar, o creía que en algún momento dejaría de respirar y me iba a morir. Recuerdo estos episodios con mucha tristeza, pues mi cuerpo necesitaba descansar, pero mis miedos no me lo permitían, porque pensaba que si me dormía profundamente nunca volvería a despertar.

Después de oír mis síntomas, mi psicóloga me dijo que estaba teniendo ataques de pánico y ansiedad. Esos ataques comenzaron a ser cada vez más seguidos, y llegó un momento en que me daban todos los días. Son espantosos y no se los deseo a nadie; uno siente que se va a morir de repente, sin que esté pasando nada grave. Uno puede estar en su cama tranquilo, viendo una serie, y piensa que alguien va a entrar a su casa y lo va a matar. Suena absurdo, pero es así de horrible. Ojalá uno pudiera controlar todos los pensamientos que se le vienen a la cabeza en esos momentos, pero no siempre es así. Las enfermedades mentales van mucho más allá...

La psicóloga insistió en que debía ir a un psiquiatra para que me medicaran, pero yo dije que no, que los psiquiatras eran para locos; me moría del susto, pues la sociedad sigue inculcándonos que las enfermedades mentales son un tabú, que eso solo les pasa a personas desequilibradas. Sin embargo, le comenté a mi mamá la situación y ella me dijo que, si era lo que necesitaba para sanarme, debía hacerlo. Juntas miramos información en Internet y leí un artículo donde decía que la depresión es una enfermedad como cualquier otra. **Aprendí que la depresión es una enfermedad fisiológica y la gente no lo entiende**, es algo que le pasa a tu organismo, y se debe tratar como tal. Es importante entender que la depresión no es solo un estado de ánimo en el que nos sentimos tristes, desmotivados o angustiados, sino que es producto de un desbalance químico en el cerebro.

Entonces, decidí pedir cita con una psiquiatra. Yo pensé que iba a ser una sesión en la que yo iba a hablar y hablar, pero no, fue una cita médica normal. Recuerdo que estaba temblando mucho y le repetí varias veces:

—No sé por qué estoy temblando. Estoy muy nerviosa, pero yo no estoy loca, estoy con todas mis capacidades. No puedo controlar lo que siento, pero no estoy loca.

—Más loca es la persona que se sienta así de mal y no quiera hacer nada al respecto —me dijo ella.

Además del miedo, también sentía vergüenza; me repetía: "Camila, acabas de pasar por un año espectacular y ahora estás donde una psiquiatra, ¿qué te pasa?". Sentía una carga horrible, y solo hasta hace muy poco entendí que nada de eso fue mi culpa.

Cuando uno no conoce algo, o no lo entiende, siente miedo, y es normal. Pero es muy importante saber que, si levantas la mano y pides ayuda, alguien te va a ayudar. Yo estaba muy asustada, pero cuando acepté lo que me estaba pasando, las cosas comenzaron a fluir. **Lo más difícil es dar el primer paso, pero una vez lo das, nada malo te puede pasar.** Lo más importante es querer tener un cambio verdadero y aceptar que no puedes hacerlo sola, y ya después todo va a ir mejorando poco a poco.

La psiquiatra me dijo que íbamos a iniciar un tratamiento de antidepresivos. Es importante decir que no todos los antidepresivos le sirven a todo el mundo, pero cuando uno encuentra el que mejor le funciona, siempre de la mano de un psiquiatra, puede cambiarle la vida, como a mí. Hago esta aclaración porque sé que encontrar el medicamento adecuado puede ser retador. Yo empecé con uno que no me sirvió, de hecho, me sentía peor que antes, y solo me preguntaba por qué no mejoraba, si estaba haciéndolo todo bien, siguiendo con juicio las recomendaciones de la doctora...

Más adelante encontré un medicamento que sí me sirvió, y el alivio fue inmediato. No me arrepiento para nada de haber intentado con varias opciones hasta encontrar el que mejor se acomodaba a mí. Fue una búsqueda muy enriquecedora. Yo sé que las personas le tienen miedo a medicarse, a sentir que no pueden vivir sin un medicamento, pero es importante saber que Dios creó la medicina para algo. Nadie cuestiona a los diabéticos por utilizar la insulina, ¿verdad? Así debería ser con los medicamentos para la salud mental. Debemos aceptar estas ayudas de la ciencia sin condición —obviamente de una manera responsable—, y sin sentir que somos débiles o que fallamos por usarlas. Así como Dios les dio a los científicos que crearon estos medicamentos las capacidades para hacerlos, Él lo va a ayudar a uno a través de ellos.

La psiquiatra también me recomendó retomar mi proceso psicológico, pues cuando comencé a ir donde ella, dejé mi terapia a un lado; pensé que con los medicamentos sería suficiente... ¡Grave error! Además, cuando mi psicóloga me dijo que necesitaba ir al psiquiatra, lo primero que pensé fue que le había quedado grande atenderme, así que tampoco quise volver a sus terapias. Sin embargo, cuando mi psiquiatra me dijo que debía volver a terapia, empecé la búsqueda de un nuevo psicólogo. Yo sí creo que ese dúo es súper importante, porque en una parte te están arreglando físicamente, y en otra emocionalmente. También es clave buscar un terapeuta con quien sientan un buen *feeling*; es como si fuera un par de zapatos: si no te sirven unos, busca otros hasta que te sientas cómodo.

Con la psicóloga que me vio no tuvimos buena química. En la primera cita me dio unos libros para llenar unos cuestionarios. Recuerdo que salí de esa cita sintiéndome peor, y llegué a mi casa agotada. Sentía como si tuviera algo en el pecho que no me dejaba respirar, pues no les veía una solución a mis problemas. No era la misma sensación de tristeza de siempre; era algo más profundo que, literalmente, no me dejaba respirar. Ese día intenté hacer de todo, pero no logré quitarme ese vacío horrible en el pecho, que no me dejaba ni pensar. Ya no me importaba el trabajo, tampoco el proyecto que tenía con una marca dos días después, en Cartagena. Tiré los guantes y me rendí. No tenía fuerzas para seguir adelante.

Recordé que, un par de días antes, un joven se había suicidado en la Universidad Javeriana, y yo

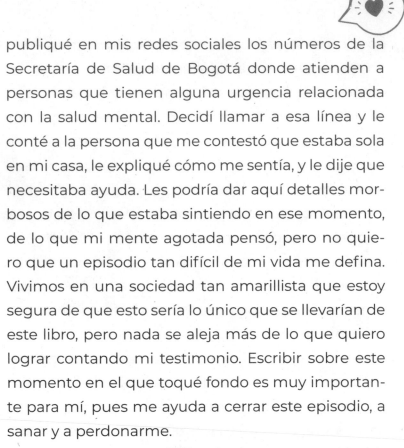

publiqué en mis redes sociales los números de la Secretaría de Salud de Bogotá donde atienden a personas que tienen alguna urgencia relacionada con la salud mental. Decidí llamar a esa línea y le conté a la persona que me contestó que estaba sola en mi casa, le expliqué cómo me sentía, y le dije que necesitaba ayuda. Les podría dar aquí detalles morbosos de lo que estaba sintiendo en ese momento, de lo que mi mente agotada pensó, pero no quiero que un episodio tan difícil de mi vida me defina. Vivimos en una sociedad tan amarillista que estoy segura de que esto sería lo único que se llevarían de este libro, pero nada se aleja más de lo que quiero lograr contando mi testimonio. Escribir sobre este momento en el que toqué fondo es muy importante para mí, pues me ayuda a cerrar este episodio, a sanar y a perdonarme.

La persona me pidió mis datos y mandó una ambulancia a mi casa. Felipe llegó cuando los de la ambulancia me estaban sacando del edificio, y le dije que no podía más. Él, terriblemente angustiado, solo les decía: "¡No se la lleven, ella va a estar bien! Yo ahora la calmo".

Me llevaron a una clínica psiquiátrica. Yo solo veía que la gente pasaba al lado mío y hablaba, pero estaba como pasmada y no entendía nada de lo que estaba sucediendo. No quise llamar a mi mamá, pues eran las tres de la mañana y no quería preocuparla, entonces llamé a mi prima, que es como mi hermana. Le dije que estaba bien y le expliqué dónde estaba.

Me hicieron *triage* y me tomaron los signos vitales; tenía taquicardia, no paraba de temblar y sudar, estaba demasiado ansiosa y me sentía muy mal. Los médicos decidieron que no estaba en un estado apto para seguir con mi vida, por lo que debían internarme. Yo solo me preguntaba: ¿será que me enloquecí?, ¿será que no voy a salir de esto?, ¿será que voy a quedar como esas loquitas de película? Pensaba que se me había ido la vida y eso me daba más ansiedad y preocupación.

Mi prima obviamente llamó a mi mamá, que corrió a la clínica y, cuando la vi, solo le pude decir: "Perdóname, perdóname".

La primera noche la pasé en un ala con personas que están muy mal, que no están en sus cinco sentidos. Yo temblé mucho esa noche, estaba muerta del susto. Estaba en un manicomio como los de las películas, con gente amarrada y gritos a cada rato. Para calmarme me dieron un medicamento fuertísimo, de los más potentes que hay en el mercado, que hasta me hizo alucinar. Fueron las peores horas de mi vida, y obviamente no entendía bien lo que estaba pasando.

Los primeros días allí fueron muy duros. Con tanto medicamento, yo no quería hacer nada; dormía todo el día, y eso también atrasaba mi proceso. Como a los dos días de estar internada me pasaron a otra ala donde tenía mi habitación, con más comodidades, y donde podía recibir visitas. Fueron días muy difíciles para todos, para mi familia y para mí. Ellos iban a verme todos los días y yo les veía el corazón achicharrado, y solo podía pedirles perdón por hacerlos sufrir.

También pude salir al patio y conocí personas demasiado lindas, de mi misma edad, que estaban pasando por situaciones parecidas a la mía, aunque todos habían vivido diferentes sucesos que los habían llevado a estar allá. Uno estaba ahí porque la universidad lo estaba agotando mentalmente y tuvo un ataque en clase, pues no podía con los exámenes finales. Otra, porque estaba empezando su vida laboral y estaba en una pasantía que le exigía demasiado. Había jóvenes que desde pequeños habían estado sufriendo, y fue ahí cuando me di cuenta de que **todos podemos pasar por algo así, nadie**

está exento de sufrir de depresión, de tener ataques de pánico.

Estuve internada en esta clínica durante quince días. Allí había dos alas: la de los adultos y la de los niños. Había internados niños pequeños y yo pensaba en lo difícil que debía ser para ellos y sus familias. Casualmente, un día en un ejercicio nos unieron a los niños con los adultos, y una niña, apenas me vio, gritó: "¡No puede ser que tú estés aquí! ¡No puede ser que estés viviendo lo mismo que yo! Esto me hace saber no estoy sola, que alguien que lo tiene todo está pasando por algo parecido".

Sus palabras me destrozaron y me dolieron hasta el fondo de mi ser. Nos abrazábamos y le dije: "Claro que no estás sola, todos podemos pasar por esto", y ella me dio las gracias.

Hasta ese momento, yo solo había pensado en las cosas malas que diría la gente si sabía que yo estaba internada en una clínica psiquiátrica, pero no me había detenido a pensar en las personas a quienes podía ayudar; a quienes podrían sentir tranquilidad al saber que alguien como yo estaba viviendo lo mismo que ellas. Eso me motivó, pero también me partió el corazón. **¡Qué duro que la gente piense que somos invencibles, o que no sentimos y somos de acero!** Que nadie se imagine que estamos en un centro psiquiátrico, porque en público mostramos que nada nos puede pasar, que todo es perfecto, y no hay nada más alejado de la realidad.

En la clínica se encargaron de estabilizarme físicamente; se aseguraron de que mi cuerpo volviera a estar como se necesita para vivir en sociedad, pero no se ocuparon de la base de mis problemas; no hacía parte de su trabajo. Allí pintábamos mandalas, teníamos clases de yoga y de baile, pero nunca hacíamos psicoterapia.

Cuando por fin me dieron de alta, volví a mi casa muy abrumada; debo mencionar que seguía muy medicada, pues seguía tomando Xanax, el ansiolítico que me dieron en la clínica, que no es de venta libre porque es adictivo, y las personas lo usan para drogarse.

Yo me sentía completamente ida, mis amigos *youtubers* fueron a visitarme y todos me preguntaban por qué no los había llamado. Todos se sentían muy mal por no haber podido hacer nada para evitar que yo estuviera tan mal, pero la verdad es que cuando uno se encuentra en ese estado no quiere hablarle a nadie, ni a los amigos, ni a la pareja, ni a la familia. Uno se desconecta por completo de su realidad y empieza a vivir en un piloto automático sin fin. Uno ni siquiera tiene fuerzas para pensar "voy a llamar a X persona que seguro me hará sentir bien"; no, uno solo puede seguir existiendo, si es que a eso se le puede llamar vida.

Con Felipe decidimos darnos un tiempo para revisar las cosas. Llevábamos varios meses estando súper mal, en crisis, y no sentía que estuviéramos conectados. En ese momento, yo cometí el error de echarle la culpa de todos mis problemas, y él obviamente resintió esa carga y esa culpa. Para completar, mi familia sentía que él no había estado ahí para mí, que él habría podido evitar que yo tocara fondo… pero claro, todavía no estábamos listos para comprender que la única responsable era yo.

El jueves de la semana que regresé a la casa me dio un ataque de pánico, el peor de todos, justamente en Caracol Radio, a plena luz del día, cuando había muchas personas a mi alrededor. Me metí al baño sin poder moverme. Mi jefe de ese entonces se dio cuenta y tuvo la gran idea de llamar a mi mamá. Yo sentía una vergüenza terrible y solo pensaba en cuándo se iba a acabar todo esto, en qué momento iba a volver a ser normal; era horrible sentir que no podía controlar ni mi cuerpo, ni mi alma, ni mi ser. Mi mamá me recogió y esa fue la última vez que pisé la emisora.

Fuimos donde la psiquiatra y le dije que ya no podía más, que la batalla la había perdido. Ella me dijo que tocaba volverme a internar. Yo le respondí que no, y decidí irme a la casa de mi mamá; le habían dicho que no me podía dejar ni un minuto sola; ni siquiera podía entrar al baño con la puerta cerrada. El viernes por la noche le dije a mi mamá que teníamos que hacer algo, porque esta vida yo no la quería vivir. Gracias a Dios me acordé de que una amiga me había contado que su hermano había estado en un centro de rehabilitación, donde también trataban la dependencia emocional.

Cuando lo recordé pensé de inmediato que eso era lo que necesitaba, que debía ir a la raíz del problema, pues de nada servía internarme de nuevo en la clínica. Fue entonces cuando vi una luz. Ingresé a la página web de Proyecto de Vida[1] y encontré este texto:

> Síntomas de codependencia: una persona que sufre codependencia normalmen-

1 https://proyectodevida.com.co/

te tiende a olvidar sus propias necesidades, se olvida de sí misma, carece de capacidad de cuidarse a sí misma, trata de controlar a todos y a todo a su alrededor, se culpa a sí misma por todo lo que sale mal, tiene miedo de cometer errores, siente vergüenza, insuficiencia e ira, no confía en sí misma ni en sus sentimientos.

Apenas lo leí me sentí 100% identificada. Decidimos ir con mi mamá al día siguiente, pues la dirección estaba en la página web. Pero cuando me desperté yo no me quería parar de la cama. Mi papá fue a la casa, me preguntó qué me pasaba, me dijo que no estaba sola, que todos estaban dispuestos a ayudarme. También llegó mi tía y le dijo a mi mamá que me llevaran obligada, y mi mamá, literalmente, me levantó de la cama y me vistió. Recuerdo que antes de salir de la casa le dije a mi padrastro que no dejara que me internaran.

Cuando llegamos a Proyecto de Vida me preguntaron por qué estábamos allí:

—Tengo depresión y estoy muy, muy mal —respondí.

Entonces, el director del centro me dijo:

—Tú no tienes depresión, lo que estás es vuelta mierda por dentro.

Me explicó que tenía que internarme y yo le dije que lo iba a pensar. Pero mi mamá me dijo:

—Lo siento, Camila, yo no puedo más. Anoche no pude dormir de pensar que en cualquier momento te me podías ir. ¡No puedo más! Ayúdame a ayudarte.

—¡No, ma, por favor, no me dejes aquí!

Ese día me quedé en el centro de rehabilitación solo con la ropa que llevaba puesta; por supuesto me quitaron el celular y cualquier tipo de distracción. Además, por ser un centro de rehabilitación de adicciones, lo primero que me quitaron fue el Xanax.

Comenzaron así unos días muy duros para mí. Primero, porque dejé tirado todo; segundo, porque no sabía qué iba a pasar con mi vida, y tercero, porque en el proceso de rehabilitación lo enfrentan a uno mismo.

Allí me entregaron una cantidad de herramientas que gracias a Dios me funcionaron y que voy a compartirles en este libro; fueron reflexiones muy valiosas que aprendí durante esos cuarenta días para poder llegar al lugar donde estoy hoy. Me mostraron cosas que podía mejorar, me hicieron ver que tenía una nueva oportunidad de vida y debía aprovecharla. No fue para nada fácil, porque es bien difícil enfrentarte contigo mismo, confrontarte, tener momentos de introspección, pero estoy aquí y estoy contando esta historia.

Recuerdo que les decía a mis compañeros que un día iba a escribir un libro sobre este proceso para contarles a otros que uno puede estar bien, que uno puede salir de momentos tan complicados como los que yo estaba viviendo. **Yo creo mucho en Dios y sé que nada pasa en vano en esta vida, que todas las experiencias que uno tiene que vivir son por algo.** También sé que Él me puso a vivir todas estas situaciones porque, primero, sabía que yo podía contra esas batallas, y segundo, porque sabe que muchas personas van a poder entender o decidir tener una mejor vida gracias a mi experiencia.

Espero que con todas las herramientas que vamos a profundizar en este libro comprendan que la vida no tiene que ser oscura y triste. Que pueden encontrar luz aún si están en medio de la oscuridad, y que siempre van a existir ayudas para mejorarse, para aprender a amar(se). **Muchas veces hay que perder todo para encontrarse a uno mismo.**

Segundo capítulo

-mi- CODEPENDENCIA

Como les conté al inicio, la primera vez que escuché la palabra *codependencia* fue por la persona que me recomendó ir a los grupos de apoyo en los que no me sentí identificada. Tuve un segundo acercamiento al tema después de conocer la adicción de mi papá, porque fui a Al-Anon, el grupo de apoyo para familiares de los adictos que mantienen relaciones de codependencia con ellos, pero no con todas las personas, como me pasaba a mí. Allí tampoco me sentí identificada, porque los adictos no creemos que tenemos una adicción, y es solo cuando lo aceptamos que comenzamos a cambiar.

La tercera vez que tuve contacto con la palabra *codependencia* fue cuando estuve internada en la clínica, porque mi papá me llevó un libro que se llama *Guía para codependientes*. Mi papá entendió mi problema antes que yo, porque él es un adicto en recuperación y había visto ciertos rasgos de la enfermedad en mí.

Cuando llegué a Proyecto de Vida, pensé: "Estoy con drogadictos, alcohólicos, adictos al juego, al sexo. ¿Qué hago acá?". Pero cada día, con cada grupo, con cada actividad, yo me sentía más y más identificada y me decía: "Yo soy adicta a las relaciones disfuncionales, soy adicta a depender de otra persona, necesito ayuda y necesito tratar esto como una adicción".

Al principio fue muy duro, porque acababa de salir de la clínica, estaba muy medicada y me sentía demasiado vulnerable. Estaba pasando por cosas muy difíciles en mi vida, y en lo único que pensaba era en lo horrible que sonaba que una *youtuber* estuviera en un centro de rehabilitación, ni siquiera por el hecho de estar ahí sino por el qué dirán, típico de una codependiente —y, bueno, de cualquier persona en la sociedad en la que vivimos—. Me sentía mal y toda la primera semana estuve en negación. Esta es la primera fase, y cuando ya por fin uno acepta su problema, empieza a comprender su situación y a abrirse al cambio.

En ese momento, mi depresión también estaba al borde de un colapso; lloraba todos los días y bajé muchísimo de peso, estaba en los huesos, porque a mí la depresión no me deja comer, ni arreglarme, ni levantarme de la cama; no me dan ganas de nada. Es importante aclarar que la codependencia y la depresión son dos enfermedades mentales distintas, y se deben tratar como tal. Tal vez, en mi caso, la primera me llevó a la segunda, pero no es necesario sufrir de una para tener la otra. Yo entiendo que mi depresión surgió por muchas cosas que pasaron en un momento dado, pero también creo que, si uno está pasando por una adicción, es más susceptible a la depresión, porque se siente mal y tiene un estado mental alterado.

Muchas personas me preguntan en dónde estuve internada porque me ven muy bien, pero la verdad es que Proyecto de Vida no es un lugar para todo el mundo; es un sitio especializado para ayudar a las personas que tienen una adicción. La gente cree que fui a un lugar mágico donde me dijeron: "Hola, tienes depresión y codependencia, te resuelvo tu corazoncito, te pongo un poco más de serotonina y saliste", pero no hay nada más alejado de la realidad, **es un proceso de introspección muy fuerte y difícil de enfrentar.**

Cuando llegué al centro estaba súper escéptica, pero me hicieron una encuesta de CODA (Codependientes Anónimos) que me cambió la visión del proceso. Descubrí que todas las personas tenemos algunos rasgos de codependencia, y cuanto más rápido reparemos ese huequito que tenemos, más rápido vamos a tener mejores relaciones. **Recordemos que la relación sana más importante es la que tenemos con nosotros mismos.**

Después de aceptar mi situación, comencé a entender que yo podía estar con mi esposo, con mi mamá, con mis amigos, en otro lugar del mundo, y siempre iba a tener las mismas relaciones, porque el problema era yo y no los demás. Mientras más leía el material que me entregaban, más me sentía identificada. **Fue muy importante saber que la codependencia es la enfermedad de las emociones,** que uno está enfermo emocionalmente porque no sabe cómo relacionarse con otros, no sabe cómo tener una relación sana, cómo poner límites, cómo tener su lugar.

Existen muchos patrones de la codependencia, y yo los fui descubriendo poco a poco. En primer lugar, debía mirar si tenía dificultad para identificar mis sentimientos, si los minimizaba, los exageraba o los negaba; si las personas me veían como alguien extremadamente dedicada a los demás y generosa, y poco enfocada en mí. ¡A mí me pasaba todo esto!

Algunos patrones están ligados a la autoestima, porque los codependientes siempre necesitamos la aprobación de otro y nos cuesta tomar decisiones; juzgamos mucho nuestras palabras, nuestras acciones, si fue suficiente lo que hicimos o lo que dijimos. Nos podemos quedar todo un día pensando en ello.

Además, tenemos dificultad para recibir cariño, porque creemos que no lo merecemos. Recuerdo que cuando a mí me felicitaban por mi trabajo, me daba vergüenza, me sentía mal por recibir reconocimientos; si alguien me daba un regalo, al día siguiente yo llegaba con uno más grande para esa persona. Yo solo daba, pero no era capaz de recibir porque creía que no lo merecía.

En el proceso de conocerme me di cuenta de que tengo un montón de cualidades positivas, y eso también me ayudó en el internado, porque potenció mi amor propio y mi autoestima. Si estás leyendo este libro y todavía no sabes quién eres, ni el valor que tienes, ni las cosas lindas que mereces, ni qué tanto te importan el amor propio o las relaciones tóxicas, ¡no te preocupes! El primer paso es reconocerlo, y empezar a hacer algo para cambiarlo. Y te aseguro que cuando te des cuenta de lo maravilloso que eres, de la cantidad de cualidades, aptitudes y cosas hermosas que te hacen ser la persona que eres, vas a querer luchar por sacar a esa persona adelante.

También aprendí que los codependientes somos incapaces de pedir lo que queremos y lo que necesitamos. Yo siempre estaba pendiente de lo que quisieran los demás, y no de lo que yo quería. Además, somos muy sensibles a los sentimientos de otros y los asumimos como propios; si una amiga tenía un problema, se convertía también en mi problema y buscaba la manera de solucionarlo, aunque a veces tuviera que cruzar límites que no quería. ¡Era tan leal a mis amistades que muchas veces me mantenía en una relación tóxica porque no iba a dejar sola a la otra persona, así me estuviera haciendo daño! Y solía pensar que, si yo terminaba una relación, algo malo le iba a pasar a la otra persona.

Uno de los momentos más importantes en mi proceso de aceptación fue cuando leí sobre la relación entre el control y la codependencia. Ese es el rasgo más fuerte en mí, y el que mejor definió mi enfermedad. **Comprendí que los codependientes creemos que las personas son incapaces de cuidarse a sí mismas y tratamos de convencer a los demás sobre cómo deben pensar, actuar, sentir**

y hacer. Recuerdo que me sentía muy mal cuando una persona no aceptaba un consejo que yo le daba, o no hacía lo que yo quería, y siempre trataba de demostrarle cómo debía hacerlo. Ofrecía consejos y guías sin que nadie me los pidiera. Pensaba que tenía el control sobre todas las personas y la última palabra sobre la vida de los demás. Pero ojo: nunca era malintencionada al intentar controlar a la otra persona para que hiciera lo que yo quería, ¡nada que ver! Yo lo hacía porque quería que la otra persona estuviera bien, porque si estaba bien, yo también iba a estarlo. De hecho, el día que entendí esta relación, me presenté así en el grupo de apoyo —sí, en uno de los famosos grupos de doce pasos, como una adicta más—: "Hola, soy Camila, y soy una loca controladora".

Uno de los rasgos de los codependientes es que tenemos tantos problemas internos que preferimos ocuparnos en los de los demás y no en los nuestros. Obviamente yo todo lo hacía desde el amor, pero eso me hacía mucho daño a mí y a las otras personas, porque uno, sin saberlo, lo que hace es inhabilitar a los otros, porque saben que uno siempre va a terminar haciendo las cosas por ellos. Empecé a reconocer estos rasgos a lo largo de mi vida, y recordé que en el colegio siempre fui la organizadora de los eventos, la que manejaba, organizaba y controlaba todo. Cuando uno es niño y empieza a sentir estos patrones, cree que es normal, ¡de hecho uno piensa que es una cualidad! Por ejemplo, yo en el colegio organicé la excursión, el anuario, los bazares, y no era que me lo hubieran pedido; yo lo hacía mecánicamente. También recordé que muchas veces, con relaciones de pareja, con amistades, con familiares, evité que los otros cometieran sus propios errores porque yo estaba ahí para indicarles qué hacer.

Una parte muy difícil de mi recuperación fue comprender que no podía seguir haciendo esas cosas, no podía seguir controlándolo todo; entonces, si eventos como la Navidad o el juego de amigo secreto salían mal, ahí llegaba mi controladora a decir: "¡Dios mío, dame la fortaleza para no tratar de resolver ese problema, porque alguien más lo tiene que solucionar!". Todos estos aprendizajes los fui adquiriendo poco a poco, durante los cuarenta días que estuve internada en Proyecto de Vida, en los que me trataron como una adicta más, porque yo era adicta a las relaciones tóxicas.

Quiero hacer un alto en mi historia para explicar que no existen "exadictos" sino adictos en recuperación, y yo soy una de ellas. Todos los días intento no recaer en mi adicción, pero es más compleja que cuando uno es adicto al alcohol o a la droga, pues en esos casos, para rehabilitarse, uno se puede alejar de los lugares donde consumía, de sus amistades de consumo, etcétera. ¿Pero qué se puede hacer con las relaciones interpersonales, si hacen parte de mi día a día? Es muy difícil, la verdad, pero yo ya tengo las banderas rojas claras y después de mi internado aprendí a identificar cuándo estoy cruzando un límite que no debería cruzar.

En Proyecto de Vida teníamos una rutina. Nos despertaban a las 5:30 a. m. y cada uno tenía una responsabilidad en la casa. Parte de la terapia era fortalecer mi personalidad: es decir, yo debía aprender a no ser tan caprichosa y consentida, y debía cumplir con las tareas que me pusieran, así yo no las hubiera escogido. Por eso me tocaba levantarme antes que todos, a las 5:00 a. m., para preparar café. Me encargaba de la greca y luego me arreglaba. Solo salíamos del centro una vez a la semana, íbamos a un parque cerca, y era realmente maravilloso sentir el pasto, el aire, el sol y la naturaleza; eran pequeños regalos que uno no extraña hasta que no nos privan de ellos. Ahora, después de la pandemia del COVID-19, creo que todos vivimos un encierro así y empezamos a apreciar mejor estos espacios, pero en el 2019 nadie sabía qué era una cuarentena, así que ese rayito de luz semanal lo era todo para mí.

Todos los días teníamos dos grupos de apoyo, uno en la mañana y otro en la noche. Durante el día hacíamos diferentes actividades. Nos ponían a escribir mucho, teníamos cursos y, sobre todo, teníamos mucho tiempo para no hacer absolutamente nada. Yo soy una persona muy activa y me resultaba demasiado estresante no hacer nada, pero esa era la terapia que más me mandaba mi terapeuta, porque decía que yo necesitaba aprender a no hacer nada. **Tenía que conocerme, pues no tenía una verdadera identidad.** Si una amiga necesitaba que fuera fuerte, yo era fuerte; si una pareja necesitaba que yo fuera sumisa, yo era sumisa, pero nunca era realmente yo. Tenía que parar de hacer cosas para descubrir cuáles eran mis verdaderas cualidades y aptitudes.

En estos momentos sin hablar, sin hacer nada, solo pensando y hablando conmigo misma, me di cuenta de muchas cosas. **Es clave tener esos momentos de introspección para hablar contigo, para identificarte, para saber qué quieres y qué no quieres y por qué eres de determinada manera.** Descubrí que mi codependencia sí venía de ser hija un padre adicto y de una madre sobreprotecto-ra que no quería que nada malo me pasara.

Allí me hicieron escribir una autobiografía muy detallada, y noté que desde cuarto de primaria yo complacía a otros para que estuvieran bien; me ponía incómoda para el beneficio de los demás, para que me aceptaran. En ese momento tenía diez años, obviamente no sabía nada de la adicción de mi papá y conocía muy poco del mundo, pero esos rasgos de personalidad ya hacían parte de mí. Siempre han hecho parte de mí, así yo no estuviera lista para aceptarlos antes.

No saben lo difícil que fue dejar mis redes sociales de un momento para otro, pues no pude avisarles a mis seguidores nada de lo que me estaba pasando. Ellos sabían que había estado internada en la clínica, porque se los conté, pero cuando estuve en Proyecto de Vida yo simplemente me desaparecí. Me tocó entregar mi celular y perdí doscientos mil seguidores en ese tiempo. ¡Eso es demasiado! Y me afectó muchísimo. Había comenzado a perderlos desde mi depresión, porque ya no publicaba nada, y eso me dio muy duro, porque pensaba que nadie me quería y por eso me dejaban de seguir.

Algo muy importante que aprendí en el internado fue a abrirme a otras personas. Yo siempre tuve pocos amigos, pues como me sentía responsable de los demás, era como tener el cuerpo lleno, y no podía dedicarme a tanta gente. Pero cuando salí comencé a ser mucho más abierta; de hecho, las personas que me conocían desde hacía años me dijeron que notaban un cambio impresionante en mí, que parecía otra. **Cuando entendí que solo soy responsable de mí, y de nadie más, y que no tengo que solucionar los problemas de los otros, me abrí y sentí que tenía espacio para muchas personas más.** Esto me ayudó en todas mis relaciones interpersonales, porque cuando uno es codependiente las relaciones tóxicas no son solo con su pareja: son con su familia, con sus amigos, con su entorno, en su trabajo, con todo a su alrededor. También aprendí a poner límites, y eso fue definitivo. Pero eso es algo que abordaré en detalle más adelante, porque fijar límites es clave para el amor propio.

Muchas veces me preguntaba en la rehabilitación por qué estaba allá, por qué Dios me había puesto a prueba, por qué estaba pasándola tan mal, y después entendí que era porque llevaba muchos años construyendo una plataforma para poder ayudar a otras personas a tener relaciones sanas. Y esta plataforma, además, también me ayudó a recuperar mi autoconfianza. Hoy soy muy consciente de que, así yo no viera todas las cosas bonitas que tenía por dentro, ¡ahí estaban! Y justamente por eso había gente que me seguía, por eso había gente que creía en mí y que podían ver lo que era invisible a mis ojos, porque mi enfermedad solo me dejaba ver las cosas negativas. **Creo que necesitaba aprender todas estas cosas para poder poner mi granito de arena y ayudar a que desmitifiquemos las relaciones tóxicas** —que cada vez se han normalizado más en esta sociedad— para que entendamos que eso no es normal, que lo normal es amar bien, amar tranquilamente. Que eso no depende de lo emocionales o explosivos que seamos.

En algún momento de la rehabilitación le dije a la terapeuta que se comunicara con mi tía, que es abogada, para que tramitara los papeles de mi separación con Felipe, pero ella me dijo que me diera la oportunidad de tomar la decisión después de los cuarenta días del internado. Yo, en ese momento, le echaba la culpa a él de todos mis problemas. Cuando acabé mi proceso, entendí que no me quería separar. **Comprendí que "el problema" era yo, y cuando uno se da cuenta de esto, todo cambia;** la vida se abre a un nuevo campo, uno entiende que, si quiere cambiar algo, tiene que empezar por uno mismo, y por eso es tan importante este libro, **para**

empezar a amarse, porque cuando uno se ama, todo lo demás viene por añadidura.

En el internado me pasó algo muy curioso relacionado con Felipe. Solía pensar en él de una forma tóxica, preguntándome a todas horas qué estará haciendo, qué estará pensando, hasta que un día llegué corriendo al consultorio de mi terapeuta, muy angustiada:

—¡Auxilio! ¡Ya no amo a Felipe! Hoy no lo he pensado en todo el día. ¿Será que este programa me quitó el amor hacia él?

—Camila —me dijo ella—, ¡bienvenida a las relaciones funcionales! Tú no tienes que pensar en tu pareja todo el día para amarla. ¡Felicitaciones! Lo estás logrando.

En este proceso trabajé muchísimo conmigo misma y decidí hacer el cambio, tener relaciones sanas, poner límites, y vivir plenamente, que creo que es lo más importante de la vida. Cuando uno toma esa decisión, todo lo que empieza a llegar es espectacular, y eso es lo que quiero compartirles en este libro: qué hacer para estar bien. Sé que, por ahora, todo lo que he contado ha sido bastante difícil, pero muy pronto llegará lo bueno: **sí se puede cambiar, sí se puede sanar, y sí se pueden tener relaciones sanas y llenas de amor y felicidad.**

El paso doce de CODA dice que cuando acepte-
mos nuestra situación y empecemos nuestro camino de recuperación, intentemos llevar este mensaje
de sanación a otros. Así que, si creen que tienen codependencia y desean recibir ayuda, los invito a que
visiten la página de CODA (www.coda.org/es), donde podrán encontrar más información al respecto, o
buscar una reunión o grupo de apoyo en su ciudad.
**No está mal pedir ayuda; recuerden que esto pue-
de salvar sus vidas.**

Tercer
capítulo

¿Por qué aprender A AMAR(ME)?

Soy de la generación de los *millennials*, a quienes no nos mostraron que el amor propio es importante. Tal vez nuestros papás lo consideraban algo egoísta y por eso no nos permitían centrarnos en nosotros mismos, sino en el prójimo. Esta generación quiere cambiar el mundo, nos duelen las injusticias y los problemas ajenos más que los personales; no se lo tomen a mal, es algo hermoso y me encanta hacer parte de ella, pero todo en exceso es malo. Si nos centramos solo en otros, nos dejamos de lado; y todo se complicó aún más con las redes sociales, que llegaron a mostrarnos la "perfección" y a decirnos cómo debemos ser.

Sin embargo, los *millennials,* al igual que los *centennials,* nos dimos cuenta de que teníamos que trabajar en nosotros mismos porque el entorno nos estaba afectando mucho. ¿Por qué? Porque no fuimos creados para este mundo de redes sociales y exposición pública; de hecho, una vez le escuché a una influenciadora muy famosa que es antinatural contar nuestra vida en redes, dejar que personas que no nos conocen opinen sobre nosotros o ver la vida de otros y hacerles comentarios con un simple clic. Esto hace que nuestra personalidad y nuestra manera de ver la vida sean diferentes a las de nuestros papás, y por eso necesitamos una ayudita extra para saber quiénes somos y cómo podemos construirnos a nosotros mismos. Su teoría resonó mucho conmigo y me hizo reflexionar sobre mi trabajo y mi autoestima.

En una entrevista con la *Revista Diners*, la psicóloga Ximena Góngora explica que el amor propio es la capacidad de apreciar lo que somos, lo que hacemos y el valor que tenemos[2]. Es algo que, a simple vista, parece muy sencillo, pero en realidad puede llegar a ser muy difícil. Cuando somos constantemente atacados por opiniones de otros, por *likes* e interacciones en redes sociales, es complicado ver lo que somos en realidad y apreciar nuestro valor;

---

2 Díaz, Arantxa, "¿Cómo fortalecer el amor propio según dos psicólogas?", *Revista Diners*, 9 de julio de 2020. Disponible en: https://revistadiners.com.co/tendencias/80954_como-fortalecer-el-amor-propio-segun-dos-psicologas/

es por esto que, para adaptarnos y aceptarnos en la sociedad en la que vivimos, muchas veces intentamos buscar un valor extra que nos haga "maravillosos", aunque realmente esto ya está en nosotros, así no nos hayamos dado cuenta. Comprender esto fue clave para mi recuperación, pues entendí que todas mis cualidades y todos mis valores siempre estuvieron en mí, pero no estaba lista para compartirlos con el mundo porque me moría del susto de pensar que no eran suficientes. Por esto quiero agradecerles a mis seguidores y a todas las personas que creyeron en mí cuando yo no lo hice; quiero que sepan que su apoyo fue muy importante para mí, y me llena de emoción compartirles todos mis aprendizajes en este libro.

Es todo un reto despertar nuestro amor propio en un mundo tan expuesto e hiperconectado. Pero estoy segura de que podemos descubrirlo y convertirlo en una prioridad en nuestras vidas; solo necesitamos recordar nuestra esencia e intentar vivir nuestra vida en plenitud.

El amor propio llega cuando actuamos de una manera inteligente, cuando cuidamos de nuestros intereses y valores, y aceptamos nuestras debilidades y fortalezas. Por eso es muy importante que sepan que lograr el amor propio o buscarlo no es ser egoísta, es ponernos primero a nosotros porque de ahí surge todo; como ya les he dicho en este libro, y lo voy a seguir diciendo: solo si nos amamos a nosotros vamos a poder amar a los demás. Todo empieza por uno, y por eso debemos ser nuestra prioridad, siempre.

Tener amor propio tampoco es decir "Yo soy así y no voy a cambiar. Me tienen que querer como soy, porque soy perfecta". ¡Nada más lejos de la realidad! Una gran parte del amor propio es aceptarnos como somos, con nuestros defectos y cualidades, para intentar siempre ser mejores personas. Es potenciar nuestras fortalezas y trabajar en nuestras debilidades —pero de una manera constructiva y no desde la crítica—.

El amor propio nos hace muchísimo bien, porque además nos ayuda a centrarnos en nuestro propósito de vida (más adelante hablaremos de esto en detalle), en nuestras cualidades, en nuestros valores y en todas las cosas lindas que tenemos para aportarles a los demás. Todas estas cosas están dentro de nosotros, pero si no las descubrimos, no podemos compartirlas con nosotros ni con el mundo. **Por eso quise hacer este libro: para despertar su amor propio y recordarles que son increíbles, así a veces su mente los convenza de lo contrario.**

Yo, por ejemplo, no me amaba a mí misma, y siempre me veía a través de los ojos de los otros. Si alguien opinaba algo negativo de mí, como yo no tenía una opinión real sobre mí, me creía las palabras del otro —así me hicieran daño—. Cuando una persona pasaba por encima de mí, yo pensaba que esto era normal, porque no creía merecer algo diferente. Sin embargo, cuando comencé a trabajar con las herramientas que les comparto en este libro, y a entender que lo más importante es estar bien conmigo misma, comencé a cambiar. Aprendí que solo importa lo que yo piense de mí, no lo que crean los demás; que no me debo estresar por lo que otros dicen de mí, si yo estoy tranquila y contenta con las decisiones que estoy tomando, y que al único ser al que puedo transformar es a mí, a nadie más. No les voy a decir que esto fue fácil y que logré cambiar el chip de la noche a la mañana, ¡para nada! Este proceso me tomó un buen tiempo, pero fue demasiado gratificante. En la actualidad sigo usando estas herramientas todos los días de mi vida —no solo cuando me siento estresada o incómoda por algo—, pues creo que **hacer pequeñas cosas para despertar el amor propio a diario nos trae muchísimos beneficios.**

El amor propio va mucho más allá de vernos lindas siempre, de mirar una foto sin filtro y sentir-

nos espectaculares; esto es solo una pequeñísima parte de ese amor, pero **la clave es saber lo que valemos y que no nos importe si los demás no lo ven**. Tener amor propio es que nunca nos sintamos menos que nadie, que no crucemos la línea del irrespeto propio. Es saber que merecemos una relación buena, alguien que nos quiera, que nos valore y nos haga felices. Si uno piensa que no vale nada, y que no necesita esas cualidades en la otra persona, pues se aferra a cualquier relación, por más tóxica que sea —y recuerden que aquí no solo estamos hablando de amor de pareja, esto aplica para todas las relaciones de la vida—. **El amor propio es saber que merecemos lo mejor**, porque somos personas buenas, amorosas y cariñosas, con muchas cualidades, y no tenemos por qué conformarnos con poco.

Hay algo muy emocionante cuando uno empieza a trabajar en uno, y es que todas las personas a su alrededor lo van a ver diferente, porque como uno se ve, así lo ven los otros. ¡Este trabajo es un gana-gana por donde lo miremos! Cuando trabajamos en nosotros, nos sentimos bien con nosotros mismos y las personas van a sentir esa buena vibra; yo creo mucho en las energías, y estoy convencida de que cuando una persona confía en sí misma, ¡eso

se nota de una! Tiene una energía increíble y dan ganas de estar a su lado. Así como uno se trata a sí mismo, lo tratan los demás.

No quiero que las personas piensen que despertar su amor propio es ser egocéntrico, que está relacionado con querer ser el centro de atención y buscar que los otros piensen que uno es lo mejor del mundo. Es un trabajo interior, íntimo, que nadie va a calificar, porque solo uno sabe si lo está haciendo bien o mal, solo uno sabe qué es amarse a sí mismo y solo uno sabe qué límites no puede cruzar y cuáles son sus banderas rojas —las que le pones a alguna situación incómoda para no olvidar que debes estar alerta—. Por esto es que solo uno sabe si va por buen camino.

Por ejemplo, yo supe que iba por el buen camino del amor propio cuando dejaron de importarme mis números en redes sociales; sé que puede sonar bobo, pero es verdad. Ya les conté que cuando me interné perdí doscientos mil seguidores, y eso para mí fue muy duro. En ese momento sentí que yo no valía nada, pues era como si doscientas mil personas no me quisieran. Pero ahora no me preocupo si pierdo seguidores, me fijo más en las personas nuevas que llegan a mis redes y en quienes me siguen hace seis años porque creen en mí.

También sé que voy por buen camino cuando le pongo un límite a alguien, esta persona lo cruza y yo le digo: "Cruzaste un límite y no voy a permitir que lo hagas". Con mi pareja teníamos una maña negativa: cuando discutíamos, subíamos el tono de nuestra voz, porque venimos de una sociedad de novelas mexicanas en donde los protagonistas hacen show y gritan todo el tiempo, así que para mí era normal. Sin embargo, con mi trabajo personal me di cuenta de que nadie tiene por qué gritarme, así que es algo que nunca más voy a permitir. Si por alguna razón esto sucede —porque somos humanos—, le digo a la otra persona: "No me grites. Respétame. Cuando te calmes y quieras hablar de una manera más respetuosa, aquí voy a estar". Ese simple límite hace que la persona diga: "Discúlpame por haberte gritado, vamos a hablar de una manera civilizada y sin subir el tono". Puede que para alguno de ustedes esto no sea tan importante como para mí, pero quería compartírselos porque era algo que yo permitía y que ahora, por el amor propio y el respeto que tengo hacia mí misma, y hacia lo que soy, no lo hago.

Tips fáciles de autocuidado

Aunque más adelante vamos a tener un capítulo entero sobre las herramientas que pueden usar para conocerse, sentirse bien con ustedes mismos y amarse, aquí les voy a dar unos tips pequeños de autocuidado y amor propio que pueden poner en práctica ya mismo, y que me sirvieron a mí para empezar a aceptarme, quererme y respetarme.

Crear momentos de autocuidado físico

Creo que es importante consentir el cuerpo de vez en cuando; no hablo del ejercicio ni de las rutinas diarias, sino de crear momentos especiales. Por ejemplo, yo tengo una crema para pies en mi mesa de noche y, una vez a la semana, me hago un masajito. Les doy las gracias a mis pies porque son los que me llevan a todas partes, los que me mantienen de pie y al frente del cañón, para seguir con la vida. Es un momento muy especial de amor puro, conmigo y con mi cuerpo, que me sirve mucho.

Los invito entonces a que creen momentos especiales para ustedes, como por ejemplo prender una vela, relajar el cuerpo y darle gracias a su poder superior por todo lo que tienen. ¡Van a notar cómo se llenan de buenas energías y sentimientos lindos!

2 Perdonarse

Perdonarnos es una de las cosas más difíciles de hacer, ¡pero pueden empezar a hacerlo ahora mismo! Perdonarse a uno mismo está recomendado en todos los libros de amor propio, respeto y aceptación personal que he leído. ¿Cuántas cargas y cuántos pensamientos negativos tienen hacia ustedes por cosas que hicieron, por situaciones que no pudieron controlar, por momentos en los que no fueron su mejor versión, y los siguen atormentando? ¡A mí me pasa todo el tiempo! Pienso muchísimo en qué hubiera pasado si yo hubiera actuado diferente, si no hubiera dicho tal cosa... ¡Pero ya qué importa! Ya lo hice y, en vez de culparme, intento siempre perdonarme. Me perdono porque permití que me trataran mal, porque acepté la opinión de otro por encima de la mía; me perdono por las veces que dejé que otros sobrepasaran mis límites y por las veces que fingí ser alguien que no era.

Mi recomendación es que se descarguen de todos estos "si hubiera", pues son un gran peso para nuestro amor propio porque no nos dejan despegarnos del pasado. Es mejor pensar en el presente y asegurarnos de que en cada momento estamos actuando de acuerdo con quien de verdad somos.

3 No se fijen en quién comenta en sus redes sociales

Yo dejé de revisar quién comenta mis historias y quién ve mis publicaciones porque me afectaba mucho. Si una foto mía tenía veinte mil *likes*, la borraba, porque para mí era terrible que solo veinte mil personas la vieran: me parecía muy poquito, cuando en realidad es un montón de gente.

Mi sugerencia es que, cuando suban una foto o una historia a sus redes, no se fijen en cómo reacciona la gente; subieron la foto porque les gustó, entonces, ¿qué importa lo que digan los demás? Enfóquense en ustedes. Tampoco cometan el error de publicar algo y pedir que les den *likes,* yo lo hice varias veces, pero eso no le ayuda para nada a nuestro amor propio.

Más adelante, en el capítulo de hábitos tóxicos, escribiré más a fondo sobre las redes sociales y cómo es bueno de vez en cuando hacerlas a un lado.

Antes de entrar en materia y de compartirles ejercicios y herramientas para que comiencen a descubrir aquellas cosas que les han impedido amarse de verdad, me parecía muy importante explicarles por qué el hilo conductor de este libro es el amor propio, por qué debemos tener una buena relación con nosotros mismos antes que nada, por qué debemos aprender a amarnos. Creo que estos sencillos tips son una ayuda útil para empezar a trabajar en uno, así que ¡manos a la obra!

Cuarto
capítulo

Autoevaluación

El primer paso para aprender a amar(nos) es hacer una autoevaluación para conocernos y saber realmente quiénes somos. Para mí fue muy difícil hacerla, porque había mucha distancia y diferencias entre lo que yo consideraba que era y lo que realmente soy. ¡Eran cosas muy distintas!, y yo nunca me había dado cuenta. Por ejemplo, me consideraba una persona dulce y abierta a otros, pero cuando lo conversé con mis compañeros en el centro de rehabilitación, todos me dijeron que no me veían así, que creían que yo era fría, lejana y súper cerrada. Juro por Dios que nunca me hubiera imaginado que esa era la forma en que las personas me veían. Los demás siempre creían que yo podía conseguir cualquier cosa que me propusiera, porque esta era la fortaleza que yo reflejaba hacia afuera; sin embargo, yo era tan insegura por dentro que ni siquiera me esforzaba por obtener lo que quería, pues prefería no luchar a fallar en el intento.

Yo me demoré un montón haciendo mi autoevaluación, me costó muchísimo. No les miento si digo que duré cuatro días trabajándola; era una especie de biografía que yo iba construyendo a medida que contestaba algunas preguntas puntuales. ¡Fue tan difícil! <u>Pero es que escribir cosas sobre uno que no son tan buenas puede ser muy estresante y desafiante.</u> Y más cuando uno cree que todo está bien. Sin embargo, cuando empezamos a (re)conocernos por dentro, entendemos que hay un montón de cosas que nos falta sanar. Pero fue un proceso muy importante para descubrir verdades sobre mí misma. Cuando conocemos todo nuestro mundo y cómo somos, qué sentimos y qué queremos, nuestra vida es mucho más fácil —o por lo menos más tranquila y coherente—, porque podemos decir "esto no es lo que quiero y no me lo merezco", o, por el contrario, "aquello es lo que quiero y me lo merezco por completo". Esto fue algo fundamental en mi caso, porque parte de las características de la codependencia es que los que la sufrimos no sentimos que merecemos una relación sana, sino que merecemos sufrir, que así es como debemos relacionarnos con los demás, y eso no es así. Yo lo aprendí a la fuerza, con mucho dolor, pero descubrirlo fue un paso clave para mi recuperación.

Por eso creo que, antes de hacer cambios duraderos en nuestras vidas, lo primero que debemos hacer es conocernos, porque si no lo hacemos, no sabremos qué necesitamos arreglar. Por ejemplo, una persona puede decir que es celosa por culpa de su pareja, sin darse cuenta de que esos celos son producto de sus propias inseguridades, y solo al conocerse a sí misma podrá ser honesta con ella y reconocer su problema. Es por esto que en este capítulo les daré herramientas que los ayudarán a conocerse, con sus falencias y cualidades, y les compartiré algunas preguntas que les servirán para escribir su autoevaluación.

Antes de tocar fondo, yo nunca había mirado hacia adentro de mí misma, siempre miraba hacia afuera. Estaba convencida de que todo lo que me pasaba era porque otra persona lo causaba, y ese es el error más grande que uno puede cometer: si siempre les echamos la culpa de nuestros problemas a los demás, vamos a seguir haciendo las mismas cosas, repitiendo nuestros errores una y otra vez, y viviendo las mismas experiencias dañinas y dolorosas, porque nunca vamos a ver realmente cuál es el problema ni vamos a poder trabajar en él para solucionarlo. Yo siempre buscaba culpables por fuera, pero cuando empecé mi proceso en el centro de rehabilitación, me dijeron: "¡Ah, no! Tú eres un individuo solo, tienes que resolver las cosas por ti misma". Fue ahí que entendí que, para mejorarme y salir adelante, no tenía que intentar cambiar a los demás, pues uno no tiene el poder de hacerlo, sino que la que tenía que cambiar era yo.

Para cambiar necesitamos encontrar aquello que nos incomoda, que sabemos que está en el fondo de nuestro corazón y nuestra personalidad, pero nunca queremos examinar a fondo. Debemos enfrentarnos con nuestro peor juez —nosotros mismos— para encontrar el punto de partida de esta transformación, y justamente eso es lo que logramos con la autoevaluación. Este ejercicio es muy revelador, porque nos muestra cosas de nosotros que intuimos pero que preferimos dejar de lado, seguramente porque no nos sentimos cómodos ni preparados para enfrentarlas.

La autoevaluación que hice en mi internado consiste en un cuestionario que va guiándonos para profundizar cada vez más en este autoconocimiento. Incluye preguntas relacionadas con distintos momentos de la vida, como la infancia o el presente. **Recuerden que las cosas que descubran en este proceso serán solo para ustedes, para nadie más.** Lo ideal es que puedan hacer el ejercicio en un espacio seguro, donde nadie los juzgue. Como el objetivo es que hagan una búsqueda interna para sentirse plenos y felices, y lograr una relación sana con ustedes mismos, para que así sean todas sus relaciones con los demás, es necesario que respondan las preguntas con toda honestidad.

Antes de pasar a la parte más práctica de este capítulo, en la que podrán iniciar su autoevaluación, quisiera contarles un par de cosas. Lo primero es que es clave que, cuando escriban sobre el momento en el que se encuentran en la actualidad, sean muy específicos; piensen en todos los aspectos de su vida: dónde están laboral, emocional y físicamente, cómo se sienten con ustedes, si tienen buenos hábitos alimenticios, si duermen bien, si tienen amigos, si son personas cerradas, si tienen el trabajo que quieren, cómo está su economía. Todas estas cosas, así en un principio pensemos que algunas no influyen directamente en nuestra forma de ser, son las que nos hacen ser quienes somos. **Es muy bonito pensar que el ser humano está hecho de un montón de cosas, algunas mejores que otras, y solo nos da-**

mos cuenta de esto cuando empezamos a examinarnos por dentro.

Como el objetivo de este ejercicio es que se conozcan de verdad, y que se pongan contra la pared, es importante saber cuáles son sus miedos, que pueden ser tanto externos como internos. Puede que les den miedo las arañas o las alturas, lo que es igual de válido a que los asuste el fracaso, estar solos o que nadie los quiera. Intenten también pensar por qué les dan miedo estas cosas, de dónde viene esa sensación de angustia y pánico, desde cuándo han sentido este temor.

Escriban también cómo son sus relaciones con sus amigos, con su familia, con su entorno laboral, con sus compañeros de estudio, en fin, ¿cómo se relacionan con todos los otros? Esto es súper importante, porque cuando saben cómo se relacionan con los demás, entienden también cómo lo hacen con ustedes mismos: si, por ejemplo, uno critica a los otros, lo más probable es que sea muy crítico con uno mismo; o si uno solo ve lo malo que tienen los demás, ¡imagínense qué concepción tendrá de uno mismo! Aquí quiero enfatizar en que el primer paso para aprender a amar a los demás es aprender a amarnos a nosotros mismos; esa es la base de todo.

También es importante que en la autoevaluación escriban cuál es su plan de vida y qué están haciendo para cumplirlo. Con plan de vida no me refiero a los sueños —que son más intangibles—, sino a objetivos concretos para conseguirlos: si, por ejemplo, yo sueño con ser una gran abogada, mi plan es cómo voy a conseguirlo, con pasos y hechos puntuales: voy a estudiar en una universidad que tenga una excelente Facultad de Derecho, voy a hacer una maestría en el tema que más me apasione y voy a buscar un trabajo relacionado con mis intereses. Aquí quiero aclarar que cada persona es un mundo distinto: lo que uno quiere para su futuro, o cómo se lo ha imaginado, es solo suyo, de nadie más. Puede que para alguien lo más importante sea tener carros de lujo, y que a otra persona le interese el reconocimiento intelectual, y ninguna de las dos opciones está mal. Lo que deben tener en cuenta al construir su plan de vida es que debe ser algo que los llene, que los haga vibrar; en últimas, que los haga felices.

El plan de vida es básicamente una hoja de ruta, un camino para cumplir nuestros sueños. Estoy convencida de que los sueños se logran con trabajo, esfuerzo y la grandeza de Dios, que hace que todo sea posible, y que ayuda a cada ser humano a lograr lo que su corazón y su alma anhelan. Pero no por

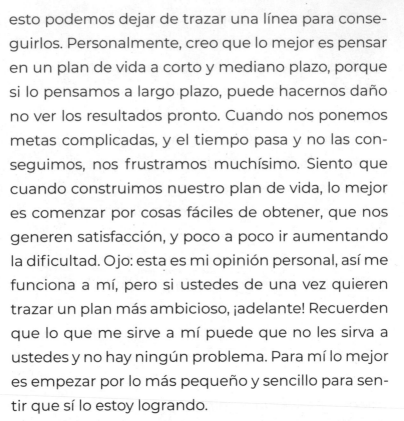

esto podemos dejar de trazar una línea para conseguirlos. Personalmente, creo que lo mejor es pensar en un plan de vida a corto y mediano plazo, porque si lo pensamos a largo plazo, puede hacernos daño no ver los resultados pronto. Cuando nos ponemos metas complicadas, y el tiempo pasa y no las conseguimos, nos frustramos muchísimo. Siento que cuando construimos nuestro plan de vida, lo mejor es comenzar por cosas fáciles de obtener, que nos generen satisfacción, y poco a poco ir aumentando la dificultad. Ojo: esta es mi opinión personal, así me funciona a mí, pero si ustedes de una vez quieren trazar un plan más ambicioso, ¡adelante! Recuerden que lo que me sirve a mí puede que no les sirva a ustedes y no hay ningún problema. Para mí lo mejor es empezar por lo más pequeño y sencillo para sentir que sí lo estoy logrando.

Si llegan a este punto del ejercicio y piensan que no saben qué quieren hacer con su vida, y a la vez descubren que no han pensado nunca en un plan de vida, ¡no se preocupen! La autoevaluación los ayudará a construirlo, recuerden que lo primero es conocerse para definir qué es lo que realmente quieren para ustedes.

En cuanto a la parte del cuestionario sobre la infancia, escriban aquellos hechos que los marcaron, si tienen algún trauma del pasado o vivencias que sientan que los hayan definido, porque muchas de las cosas que nos pasan como adultos suceden por lo que vivimos cuando pequeños, y es muy importante sanar a ese niño interior para sanar también al adulto que somos ahora. Si no le dedicamos el tiempo suficiente a buscar y encontrar a ese niño interior en nuestros recuerdos y en nuestra memoria, es probable que no entendamos muchas cosas del presente. Por ejemplo, cuando yo hice este ejercicio, me di cuenta de que muchas de mis actitudes dolorosas han estado conmigo desde que era pequeña, y descubrí que mi infancia fue la base de muchos de mis traumas. Esto me impresionó mucho; fue esclarecedor, pero a la vez muy doloroso. Muchas veces intuimos que hay algo que marcó nuestra infancia, pero no queremos meternos ahí, porque no queremos sentirlo ni enfrentarlo; sin embargo, debemos hacerlo, pues es muy difícil sanar algo sin saber realmente qué es.

Quiero hacer énfasis en que, cuando escriban sobre su infancia, lo hagan a su propio ritmo, con muchísima calma. Solo ustedes saben hasta dónde pueden ir, y si su salud mental se está viendo afectada en este ejercicio, ¡paren de inmediato! La idea es que se sientan bien, pero si este paso es demasiado doloroso, lo mejor es que lo dejen a un lado y lo retomen cuando se sientan mejor.

Yo me demoré mucho escribiendo mi autoevaluación; hacía dos hojas y paraba, porque fue un trabajo de introspección súper duro. Siento que, en mi proceso, fue clave haber tenido un apoyo psicológico fuerte, porque yo empecé a descubrir cosas que no sabía cómo manejar. Mi recomendación es que, si deciden hacer su autoevaluación y se acuerdan de algo muy traumático, y cuentan con apoyo psicológico o psiquiátrico, lo mejor es que se lo cuenten al terapeuta para que les brinde apoyo. Si no tienen este acompañamiento, y sienten que necesitan buscar ayuda, ¡háganlo! **No hay nada malo en pedir ayuda, esto puede salvar su vida**, y no siempre tenemos las herramientas necesarias para enfrentar a los fantasmas de nuestro pasado que atormentan nuestro presente y futuro.

También es muy importante que dejen las comparaciones a un lado. En el internado yo escuchaba historias terribles y pensaba que mis problemas eran mínimos, en comparación con los de los demás; pero la verdad es que sus problemas son suyos, y lo que para ustedes es grande, es grande de verdad. Si en su proceso de autoconocimiento no encuentran cosas tan traumáticas, ¡que chévere! ¡Me alegro mucho por ustedes! Recuerden que cada persona es un mundo, y aunque no tengan que enfrentar cosas tan graves, tienen su propia batalla que librar, y eso está bien. Si de pronto una amiga lee lo que han escrito y les dice que es una bobada, ¡no le crean! Porque sus problemas no son una bobada, son importantes para ustedes y eso es lo único que deben tener en cuenta.

Por último, quiero recalcar que este ejercicio no está hecho para juzgarnos ni para criticarnos, y mucho menos para sacar a la luz nuestros defectos. La idea no es que se sientan mal, ¡sino todo lo contrario! **Este proceso los ayudará a sentirse mejor, a ser felices y vivir plenamente; los ayudará a ser su mejor versión.** Después de terminar la autoevaluación considero importante darles las gracias a todas las personas y las experiencias que han hecho de uno un universo diferente al de todos, ya sean buenas o malas, y hacerlo con amor, respeto y agradecimiento. Puede que muchas los hayan afectado y les hayan hecho daño, pero es importante agradecerles porque les dieron lecciones importantísimas y los ayudaron a convertirse en las personas que son hoy. Siento que el acto de agradecer es maravilloso porque, primero, cuando lo hacemos, soltamos lo que nos pesa y, segundo, nos ayuda a ver el aprendizaje que obtuvimos. Pero también para agradecer tómense su tiempo, porque esto es un proceso; no es que escriban las cosas que los marcaron, que les dolieron, y listo, dan las gracias y sigues como si nada. No. Recuerden que esto es un paso a paso, y lo más bonito es que ya se subieron al barco de la recuperación, así que, en algún momento, todo lo bueno llegará a ustedes. Y lo digo por experiencia propia: **a mí me costó mucho salir de lo doloroso, pero después el agradecimiento y los buenos momentos llegaron a mí.**

Mi autoevaluación

Ahora quiero invitarlos a que escriban su autoevaluación, ¡pueden empezar cuando quieran! En el fondo de su corazón sabrán cuándo están listos para hacer este ejercicio. Tal vez sea una buena idea hacer una pequeña meditación u oración antes de comenzar, para que aquello en lo que crean los acompañe y los guíe. Los invito a abrir su corazón y a descubrir esas personas únicas y maravillosas que son.

En Proyecto de Vida me dieron una hoja con preguntas base que me permitieron empezar a escribir la mía. Decidí adaptar las que más me sirvieron a mí, y se las quiero compartir aquí para que puedan indagar en su pasado y construir su futuro (su plan de vida).

Infancia

¿Qué momentos marcaron tu infancia positi-
vamente?

¿Cómo era tu relación con tus papás y con tu
familia en general?

¿Tenías algún miedo puntual?

¿Qué recuerdos tienes de tu colegio, tus amistades y tus gustos?

Juventud

¿Qué recuerdos positivos tienes de tu juventud?

¿Cómo eran tus relaciones interpersonales? ¿Eras más extrovertido o introvertido?

¿Cómo te iba en tus estudios?

¿Qué querías ser cuando grande?

¿Tenías cierta libertad y autonomía o tus padres te cuidaban mucho?

Adultez

¿Cómo te relacionas con los demás?

¿Dónde estás laboral, emocional y físicamen-te? ¿Cómo te sientes contigo mismo?

¿Consideras que tienes hábitos de vida saludables?

¿Tienes el trabajo de tus sueños?

¿Cómo es tu personalidad?

Plan de vida ● ˙ ˙ ● ˙ ˙ ●

Ahora que ya sabes quién eres, y que inda-
gaste un poco en tu pasado, ¡estás listo para
pensar y construir tu futuro! Te invito a que es-
cribas aquí tu plan de vida. Te dejo el ejemplo

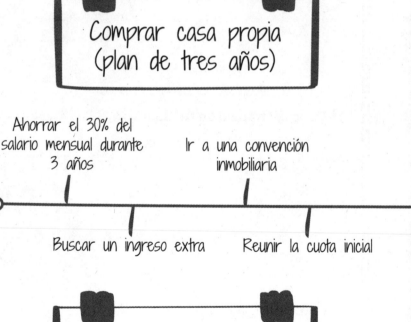

Comprar casa propia
(plan de tres años)

Ahorrar el 30% del
salario mensual durante
3 años

Ir a una convención
inmobiliaria

Buscar un ingreso extra   Reunir la cuota inicial

del plan para comprar casa propia, pero puedes hacerlo también para estudiar en el exterior, pedir un aumento, encontrar pareja, etcétera.

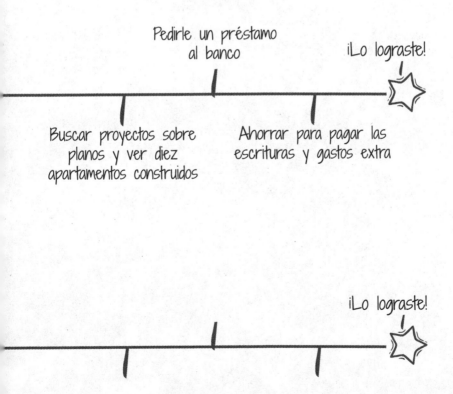

Pedirle un préstamo al banco

¡Lo lograste!

Buscar proyectos sobre planos y ver diez apartamentos construidos

Ahorrar para pagar las escrituras y gastos extra

¡Lo lograste!

Quinto capítulo

Hábitos TÓXICOS

Sé que el capítulo anterior nos puso a pensar mucho sobre nuestras vidas; tal vez se sientan un poco mal con lo que encontraron, o descubrieron que están algo perdidos en el proceso. ¡Tranquilos! Esto es lo más normal del mundo; lo importante es que ya tomaron la decisión de cambiar y ser una mejor versión de ustedes. Ahora quiero abordar un tema que fue fundamental en mi autoevaluación, pues encontré que me ha acompañado toda mi vida, de diferentes maneras y niveles: los hábitos tóxicos. Creo que, cuanto más rápido hablemos de ellos, más rápido podremos cortarlos de nuestras vidas para alcanzar la plenitud.

Cuando comencé a darme cuenta de todas las cosas que nos hacen humanos, entendí que las relaciones y los hábitos tóxicos nos impulsan a sacar lo peor de nosotros. Lastimosamente, se han normalizado tanto que los vemos como naturales, y yo quiero dejar muy claro en este libro que **uno no puede normalizar las acciones ni las relaciones tóxicas**, porque no solo nos hacemos daño a nosotros mismos, sino también a los demás.

Lo digo porque yo era la persona más tóxica del mundo, ¡Chernóbil se quedaba en pañales al lado mío! Para mí era normal actuar así, y eso no está bien. No sé en qué momento la toxicidad se volvió "normal", y actitudes como crear un perfil falso de Instagram para molestar o espiar a otra persona, revisar el celular de la pareja para ver qué hace o crear una cuenta falsa para coquetearle al novio y ver si cae se tornaron cada vez más frecuentes. Lean e interioricen estas situaciones, ¿no les parecen rarísimas? ¡Son horribles! ¡Qué tristeza tener que recurrir a ellas! ¡Y qué horror que las veamos como normales! Qué locura, de verdad...

Creo que es importante contarles algunas actitudes tóxicas que tuve en el pasado, para que puedan ver ejemplos de por qué esto está mal y por qué no debemos repetirlas, ¡pero no se vayan a burlar de mí! **Solo quiero ayudarlos y compartirles mi experiencia**. Yo creaba perfiles falsos en Instagram para seguir a personas y *"stalkearlas"* (chismosearlas); llegaba a un lugar al que no me habían invitado para ver con quiénes estaban ciertas personas; le revisaba el celular a mi pareja, e incluso una vez le puse un localizador al celular de mi novio para saber dónde estaba en cada momento, sin que él supiera —¡y nunca lo supo! Bueno, hasta hoy :/—.

Un día en que él ya tenía el localizador en su celular nos íbamos a ver, pero él estaba demorado. Eso me pareció muy extraño así que le escribí para preguntarle dónde estaba. Me dijo que estaba haciendo algo del trabajo y que ya iba para mi casa. Yo no le creí del todo, así que me metí al localizador a ver dónde se encontraba... y resulta que estaba quieto en un punto, sin moverse. Yo, tratando de atar cabos, recordé que un amigo de él vivía por esa zona, aunque no sabía dónde exactamente. A mí él me caía un poco mal, pues era un loco rumbero y no me generaba confianza... Mi novio se quedó en ese punto mucho tiempo, así que yo ya estaba metida en la película de que estaba en la casa de su amigo rumbeando, o haciendo quién sabe qué cosas. Le escribí preguntándole dónde estaba, y me volvió a decir que estaba trabajando... ¡pero yo sabía (o eso creía) que no estaba haciendo nada de trabajo! ¡Su oficina no quedaba por ahí! Pero claro, la loca controladora me atacó y me llevó a un estado de nervios horrible. Yo obviamente no le podía decir que yo sabía dónde estaba, pues me podía mandar la policía —literal— por acoso, así que tuve que aguantarme la angustia hasta que llegó. Cuando por fin nos vimos, yo estaba furiosa; ni siquiera lo saludé, y él me dijo: "Amor, disculpa la demora. Te estaba comprando esto", y sacó una caja de rosas espectaculares detrás de su espalda. ¡Resulta que no estaba donde su amigo! ¡El punto daba en la floristería más famosa de Colombia! Me quise morir, la verdad: de la vergüenza, de la desilusión conmigo misma, de la pena ajena... Ese mismo día desinstalé el localizador y me di cuenta de que algo muy oscuro estaba pasando conmigo.

Antes de mi internado, yo pensaba que no valía nada, que no me merecía las cosas buenas y bonitas que me pasaban; por eso intentaba agradarle a todo el mundo, pues me parecía terrible el simple hecho de pensar que podía hacer algo para molestar a las personas que me rodeaban y que me "abandonaran". Me faltaba mucho para comprender que, si a ellas les molestaba algo, las que salían perdiendo eran ellas y no yo; que eran ellas quienes me podían perder a mí. El día que entendí esto mi vida cambió, porque **me puse a mí misma como prioridad.**

Les cuento todas estas cosas no para que digan "Ay, qué bien, Cami, ¡yo también he hecho esto! ¡No es tan raro como pensaba!", sino para que nos preguntemos qué nos está pasando, qué hay detrás de estos comportamientos. Creo que sería bueno que, si a ustedes también les parece que estos comportamientos son normales o graciosos, evalúen qué los llevó a verlos de esa forma. Yo no me siento orgullosa contándoles estas actitudes mías; si en esos momentos me hubiera dado cuenta de que solo me hacían daño, y de que actuaba así para tener el control, por ser tan insegura, les juro que habría dejado de comportarme de esa manera de inmediato.

La toxicidad hizo parte de mí por muchos años, y recuerdo que yo les contaba a mis amigas estas actitudes y ellas solo se reían y me decían: "Uy, no, Camila, eres la más tóxica de las tóxicas, la reina de las tóxicas", pero nunca me cuestionaban ni me decían que eso no era saludable; les parecía divertido y ya. Pero no las juzgo, porque esto es lo que la sociedad moderna nos ha enseñado; se nos ha vuelto un chiste decir que alguien es tóxico, que es mega controlador. Pero lo repito y lo reitero las veces que sean necesarias: **¡NO normalicemos la toxicidad!** Es una actitud de inseguridad que esconde una falta de amor propio, porque no nos deja apreciar lo maravillosos que somos en realidad; estas actitudes tóxicas nos ponen una venda en los ojos que nos impide ver todas las cosas lindas que tenemos para ofrecerles a los demás, y todas las cosas que ellos nos pueden dar si las aceptamos y las recibimos con amor. En últimas creo que, si tenemos hábitos tóxicos, esto refleja que nuestras relaciones no están bien, pues nos están haciendo sentir mal y están aumentando nuestras inseguridades. **¡Dejemos de actuar tóxicamente, por favor!**

Sé que las redes sociales pueden llevarnos a ser tóxicos, y por eso quiero invitarlos a reflexionar sobre esto. Por ejemplo, algo tan simple como un *like* puede provocar peleas de pareja. Varias personas me han escrito contándome que su pareja le dio *like* a otra persona y me preguntan si deben cuestionarla directamente, si creo que eso está bien o qué deben hacer al respecto. Lo que puedo decirles, según mi experiencia, es que, si uno necesita ver todos los *likes* que su pareja pone en redes sociales, leer todos sus comentarios y saber dónde está todo el tiempo, estos podrían ser indicadores de que esa relación es tóxica. En estos casos, la pregunta que deberíamos hacernos no es "¿qué hacer si veo que mi pareja le da *like* a alguien más?", sino "¿por qué estoy con esta persona si le tengo tanta desconfianza?". Tal vez la respuesta sea que, a pesar de que sabemos que esa persona tiene muchos problemas, la amamos. ¡Tranquilos, los entiendo perfectamente! Yo también he estado ahí, y es muy difícil darse cuenta de que estos comportamientos son erróneos y solo nos llevan a sentirnos mal: si encontramos alguna infidelidad o deslealtad y seguimos adelante con la relación, nos juzgamos y nos reprochamos por estar con alguien que nos hace tanto daño; pero si no encontramos nada raro, también nos sentimos fatal por haber desconfiado de nuestras parejas. Sin embargo, como sucede con todas las adicciones, creo que **el primer paso para sanar es aceptar las cosas**. Si ya se dieron cuenta de esto, ¡felicitaciones! Sigan adelante, estoy segura de que van por un buen camino para aprender a amarse.

Creo que esas peleas por darle un *like* a alguien están mandadas a recoger. No vale la pena gastar su energía en algo así; mejor enfóquenla en lo que realmente pueden controlar: cuidar y cultivar su relación para que sea cada vez más linda y sólida, hacer que los dos crezcan juntos... Pero si se dan cuenta de que algo tan simple como un *like* se convierte en un problema grande, mi consejo es que revisen bien qué está pasando entre ustedes.

Por eso no me canso de repetir que esas actitudes tóxicas no sirven, no los van a llevar a nada bueno, solo a sentirse mal. Les sugiero que, más bien, se preocupen y trabajen por ustedes, construyan su interior y se fortalezcan para que estén tranquilos si algo sucede en su relación de pareja o con sus amistades.

El día que dejé de ser tóxica y solté el control de las situaciones, empecé a cambiar. Sobre todo porque ya tengo clarísimo que si mi pareja o mis amigos llegan a fallar en algo, ¡los que pierden son ellos! Pierden a una persona leal, que no les dice mentiras, que tiene un montón de cualidades bonitas para compartir con ellos.

También creo que es muy importante que sepan que, si en algún momento se sienten tentados a actuar tóxicamente, así tengan una relación saludable, lo primero que deben hacer es revisar por qué se sienten inseguros, qué hay en la otra persona que los hace dudar.

Los hábitos tóxicos en redes sociales y en nuestro día a día

Un hábito es algo que realizamos con frecuencia, y estoy convencida de que, en la actualidad, lo que más hace esta generación es consultar las redes sociales. Se preguntarán por qué me parecen tan importante las redes sociales y por qué hago tanto énfasis en ellas... Bueno, la respuesta es muy sencilla: porque nos acompañan día y noche en nuestras vidas. Las interacciones con los demás se han concentrado en nuestros celulares: creemos que podemos medir cuánto nos quiere una persona según lo activa que esté en nuestro perfil, pensamos que nuestras parejas nos son fieles si suben una foto con nosotros y nos sentimos lindas solo si tenemos muchísimos *likes* en una selfie, pero estos son hábitos tóxicos que debemos romper.

Sé que las redes sociales han hecho que nuestro ser tóxico salga a la luz con facilidad y que nos cueste más trabajo controlarlo, pero debemos identificarlo para no caer en la tentación. Y tampoco debemos satanizar las redes, porque tienen muchas cosas positivas; solo debemos aprender a usarlas y entenderlas realmente. Por esto, quisiera compartirles unas verdades que he aprendido de las redes en relación con este tema y que me han servido mucho en mi proceso:

1) No crean todo lo que ven en redes sociales: Yo, por ejemplo, para subir una foto, me tomo mínimo cien; de esas escojo las cinco que más me gustan, y de esas cinco selecciono tres. Las edito en dos o tres aplicaciones, ajusto un poco el brillo, la suavidad de mi piel y si tengo una manchita la quito; si era un día oscuro, le cambio la saturación para que se vea un día brillante, y después le edito el color. ¡Existen tantas aplicaciones para hacer esto! Me acuerdo de que, en la foto de mi compromiso, salían unas mujeres en vestido de baño detrás de nosotros, y yo las borré sin ningún problema. Eso sí, ¡en todo este proceso de edición me puedo demorar horas! Esto se los cuento para que sepan que una persona trabaja mucho para subir una foto (y mucho más si es una persona pública, o un influenciador), así que no todo lo que ven en redes es espontáneo, y por esto no debería tener ningún efecto en ustedes ni en su tranquilidad.

¡Ah! Por si les queda alguna duda de la diferencia entre lo que podemos mostrar en redes vs lo que nos está pasando en realidad, les cuento que el día que me interné subí una foto con este texto: "Tips para nunca dejar de sentirte valiosa", y la verdad ha sido el día de mi vida en que menos valiosa me he sentido.

2) ¡No a las comparaciones!: Primero que todo, considero que las comparaciones no deberían existir porque cada ser humano es completamente diferente, **cada uno es un universo único y eso es lo que nos hace maravillosos**. Además, compararse con alguien en redes sociales puede llegar a ser demasiado agobiante; por lo general ahí solo vemos los *highlights* de la vida de la gente, las cosas bonitas y mágicas que les suceden, y es probable que nos hagan sentir frustrados si nosotros no tenemos lo mismo que ellos. Sin embargo, uno realmente nunca sabe lo que cada persona está viviendo más allá de las fotos que vemos; tal vez alguien se vea feliz en sus redes porque está viajando todo el tiempo, pero puede que lo haga porque tiene asuntos en su interior que no ha logrado resolver. **Cada cual maneja su realidad**, y esta no es necesariamente la que se ve en redes sociales. Así que, por su bienestar, **¡eviten comparar sus vidas con lo que ven en redes!**

Este tema de las comparaciones también me gustaría abordarlo por fuera de las redes sociales, pues siento que es algo que está presente en cada aspecto de nuestras vidas. Yo tuve una amiga con la que tenía una relación demasiado tóxica, siempre nos decíamos: "Mira, tengo esto", "Yo tengo esto que es mejor", o "Me inscribí a esta clase", "Yo no, porque es muy fácil". Cuando me di cuenta del daño que me hacía, decidí cortar con su amistad, porque no es saludable estar compitiendo con otra persona todo el tiempo.

¡No tenemos por qué aguantarnos estas comparaciones tóxicas! ¡No vale la pena estar en una relación que saque lo peor de nosotros! **Los seres humanos estamos hechos para vivir en armonía.** Los invito a que revisen todas sus relaciones, incluso en su trabajo. Como mi trabajo consiste en hacer alianzas con marcas que pautan en mis redes, solía compararme constantemente con otras influenciadoras que tienen mi mismo perfil; antes le dedicaba mucho tiempo a pensar en cómo podía ser mejor que ellas, en tener una mejor propuesta, en cobrar mejor... pero cuando entendí que no hay nadie como yo, y que la marca que se dé cuenta de eso, que vea lo que me hace única, es la que debe trabajar conmigo, me quité un peso grandísimo de encima. Seguro que a ustedes también les ha pasado cuando tienen un proyecto grande y se comparan con lo que hacen sus compañeros, o el favorito del jefe, o del profesor. Esto, además, nos lleva a hacer cosas que no nos gustan para demostrar que somos más que alguien... ¡Pero esta es una actitud tóxica que debemos parar! No necesitamos demostrarle nada a nadie. Si sentimos que nuestra amiga, pareja, familiar o jefe nos ponen en una situación en la que no somos nosotros, en la que no nos sentimos cómodos, ¡vámonos de ahí! **Recordemos que la idea es vivir plenamente.**

3) No tengan miedo de mostrarse como son: Yo tomé la decisión de salir en mis redes a veces sin maquillaje; por momentos pienso que estoy siendo demasiado real allí, que tal vez debería tener algún filtro, pero también pienso que es lindo mostrarme como soy, porque es parte de un proceso súper importante de amor propio. El amor propio no se trata de sentir que somos perfectos, sino de estar cómodos con nosotros mismos y, si vemos algo que no nos gusta, poder asumirlo y resolverlo siempre desde el amor y no desde la crítica.

4) Lo más importante es uno mismo: En mis redes sociales hice un reto de amor propio —que veremos a profundidad en el capítulo 9—, y uno de los ejercicios era revisar las cuentas de las personas que seguimos en redes sociales y, sin pena ni angustia, dejar de seguir aquellas que no nos aportan, que tienen mensajes negativos con los que no nos sentimos identificados, o que simplemente tienen un contenido que ya no disfrutamos. Yo, al ser una persona pública, no puedo dejar de seguir a ciertas cuentas, lo acepto, pero si sus contenidos no me gustan, silencio sus historias y sus posts. Esta es una buena herramienta que trajo Instagram para aquellas personas que no queremos ver en nuestro *feed* pero que, por alguna razón, no podemos dejar de seguir: la tía que no nos cae bien, el jefe que no queremos ver después del trabajo, esa conocida de la universidad que armaría tremendo show si la dejamos de seguir. También tengo un Instagram privado con mi familia y mis amigos, y si alguien me deja de gustar, le doy *unfollow* sin dudarlo.

Entonces, los invito a que se den esta libertad de ver solo lo que ustedes quieren ver, porque **ustedes son lo más importante, siempre.** Si siguen a una persona y les está haciendo daño porque ella lo tiene todo y ustedes no, ¡dejen de seguirla! Las redes son infinitas para que sigamos a gente que nos hace sentir mal. Busquen contenidos que los nutran, que les den alegría, que los motiven.

5) Salgan de su zona de confort: Este punto puede ser un poco difícil de entender, pero es algo que a mí me nutrió muchísimo y me ayudó un montón en mi proceso. Hay personas que creen que la felicidad está ligada con la comodidad, pero yo creo que **salirse de la zona de confort de vez en cuando también es bueno**. Entonces, si alguien no les cae bien, les sugiero que, como parte de su proceso de aceptación y para trabajar en ustedes, piensen en qué es lo que tiene esa persona que los hace sentir incómodos. Creo que es súper positivo hacerlo, no solo para entender qué es lo que no nos gusta de la otra persona, sino para comprender qué de nosotros vemos reflejado en ella que toca nuestras fibras y nos hace sentir mal. Normalmente criticamos en otros los vacíos que tenemos en nuestro interior.

6) Hagan un détox: A veces hacemos détox para cuidar nuestro cuerpo o nuestro pelo, pero casi nunca hacemos cosas para cuidar nuestra salud mental. Yo decidí regalarme cada Semana Santa un détox de mi celular, y la verdad es que siempre que lo hago me siento como nueva. Además, cuando no tengo nada laboral, también intento dejar de consultar mis redes sociales por un fin de semana al mes, y el lunes siguiente siempre estoy con energía renovada, ¡es increíble! Creo que vivimos en un mundo tan lleno de información que parar de vez en cuando es importantísimo.

Estos son solo algunos hábitos que a mí me han servido para tener una relación saludable con mis redes sociales (¡y eso que yo vivo de ellas!). Creo que lo importante es que detectemos cómo podemos usar las redes para las cosas buenas, bonitas y mágicas que tienen, y que lo que no nos sirve lo apartemos de una vez.

 ## Las máscaras

Ahora quiero pasar al tema de las máscaras que cada uno tiene, pues está muy relacionado con los hábitos tóxicos, aunque a simple vista no lo identifiquemos. Después de hacer mi autoevaluación, me di cuenta de que tenía muchas cosas por arreglar dentro de mí, entre ellas las máscaras. Esto me ayudó a comprender mucho mejor lo que me pasaba, y fue una parte esencial de mi sanación.

Las máscaras son mecanismos de defensa que usamos inconscientemente para esconder quien somos en realidad. Por ejemplo, yo siempre me ponía la máscara de la persona fuerte, que todo lo podía lograr y que no tenía ningún problema en la vida, pero debajo de esa máscara había alguien completamente diferente: una persona frágil y vulnerable. Uno a veces piensa que, al ponerse una máscara, logra ser lo que la máscara es, pero no; uno siempre, en el fondo, va a ser la persona que es debajo de esa máscara, así intente aparentar lo contrario.

Cuando vivimos con estas máscaras todo el tiempo, lo que estamos escondiendo es un problema gravísimo de identidad, porque creemos que somos alguien muy distinto a nuestra verdadera esencia, y eso es lo que, en últimas, le mostramos al mundo. Este uso continuo de máscaras también refleja un problema grande de autoestima, porque si sentimos la necesidad —aunque sea inconsciente— de mostrarnos como no somos, es porque no nos sentimos bien con nosotros mismos, porque no nos amamos lo suficiente para aceptarnos tal cual somos. El problema empeora cuando alguien nos quita la máscara, o nos enfrenta a nuestra realidad, pues es ahí cuando nos damos cuenta de que estamos destruidos por dentro.

¿Por qué hablar de las máscaras en este capítulo? ¡Porque son muy tóxicas! Estas nos ayudan a adaptarnos a circunstancias difíciles de nuestra vida y por lo general las usamos pensando que son para nuestro bien, pero no: las máscaras esconden nuestras carencias, nuestro miedo a no pertenecer a un grupo, a no ser aceptados. Son escudos protectores que esconden heridas, indiferencias, dolores, vacíos y soledades; no dejan que nuestro verdadero ser salga a la luz, con todas nuestras inseguridades, nuestra rigidez, nuestras obsesiones e imperfecciones que, aunque no son cosas positivas, son parte de nuestra esencia y nos hacen ser como somos.

En el internado me decían que me quitara mis máscaras, que allí no tenía que aparentar nada, que nadie me iba a juzgar por ser como soy. Yo lo hice, abrí mi corazón y me mostré tal cual soy en realidad, y la verdad sentí un descanso inmenso. A mí me relacionaban con una persona fría y seria, y cuando tuve la oportunidad de estar en un lugar donde todo el mundo tenía el corazón abierto y estaba dispuesto a mostrarse con honestidad, descubrí que yo era muy cariñosa y expresiva con los demás. Cuando salí, mi familia quedó en shock al verme tan abierta con los demás, porque yo antes no me mostraba así. **Sin saberlo, uno a veces se esconde tanto que pierde la oportunidad de ser quien realmente es.**

Sé que en muchos momentos estas máscaras invisibles nos ayudan a adaptarnos a una situación incómoda, pero el mensaje que les quiero dejar aquí es que **no necesitan ninguna máscara**; ustedes pueden trabajar para lograr ser las personas que quieren, así que no necesitan mostrar algo que no son, ¡y pueden llegar a ser todo lo que quieran! Pero, para ello, necesitan tener, primero, un despertar, y segundo, ganas de ser de determinada manera. Yo, por ejemplo, aparentaba muchas cosas porque creía que no era lo suficientemente buena para alcanzar alguna meta, pero ahora sé que soy un ser extraordinario y puedo lograr lo que quiera.

Después de salir del internado leí en el libro *La maestría del amor*[3] que Dios no se equivoca, así que Él no hace personas con errores: **todos somos perfectos ante los ojos de Dios**, y no importa si otras personas creen que no lo somos, porque Dios nos hizo perfectos, con una armonía increíble. Este libro

3 Ruiz, Miguel. *La maestría del amor*. Madrid: Urano, 2001.

es espectacular, se los recomiendo muchísimo, porque me ayudó a aceptarme y quererme como soy.

Cuando descubrí que todos usamos máscaras, me pregunté por qué las normalizamos y, sobre todo, qué era lo que yo quería esconder; esta reflexión fue muy útil en mi proceso, por eso los invito a hacerla:

Ejercicio para entender nuestras máscaras

1. Definan qué quieren mostrarles a los demás de ustedes. ¿Quieren ser una persona generosa, amable y abierta con los otros? ¿Quieren ser tímidos y reservados? ¿Quieren generarles confianza a los demás o prefieren mantener una distancia?

2. Pregúntense por qué quieren mostrarles a los demás estas cosas, qué los impulsa a hacerlo, por qué es importante para ustedes, qué beneficios creen que les traerá.

3. Ahora piensen si realmente están mostrándose como quieren, o si están po-

niéndose una máscara distinta. Si están usando una máscara, analicen por qué lo están haciendo, ¿qué les impide ser como quieren? ¿Qué inseguridad están escondiendo?

El paso 3 de este ejercicio es fundamental, porque si queremos cambiar algo, lo primero que debemos hacer es entender por qué actuamos de determinada manera, por qué hacemos lo que hacemos, para después buscar una solución. **Yo creo que todos podemos lograr lo que nos proponemos**; la mente es el órgano más poderoso de los seres humanos, y si nos convencemos de que podemos conseguir algo, seguramente lo haremos. Es cuestión de mantener una mentalidad optimista, enfocados en nuestros objetivos.

Toda mi vida he pensado que no puedo alcanzar ciertas cosas; he mejorado mucho, pero todavía me cuesta cambiar ese chip. Es una batalla constante con mi mente, porque es difícil dejar de pensar que algo malo va a pasar, que lo que quiero no es para mí o que no lo merezco, porque no soy lo suficientemente buena. Si nos diéramos cuenta de que nuestras palabras —incluso las que nos decimos a nosotros mismos, dentro de nuestra cabeza— tienen tanto poder, estoy segura de que cambiaríamos esta narrativa por una más positiva.

Yo usé demasiadas máscaras, y aún más viviendo en un mundo de redes sociales, donde tengo que mostrar lo "perfecta" que es mi vida, y debo ser ejemplo para otras personas. Pero no fue sino hasta que llegué a mi internado que me di cuenta del daño que me estaba haciendo a mí misma al usar estas máscaras, al esconder todo lo que realmente soy.

¿Qué pasa cuando uno tiene muchas máscaras, y no se muestra como es de verdad? Su autoestima comienza a irse al piso, porque no está conforme con lo que es y añora ser lo que muestra. De esto surge entonces otra pregunta: ¿por qué, en vez de ponernos la máscara, no tratamos de resolver los problemas que nos llevan a usarla? Esto sería lo correcto, ¿no? Pero bueno, creo que en esta sociedad en la que vivimos se han normalizado tanto las carencias, y se ha vuelto tan común que nos mostremos como no somos, que no nos damos la oportunidad de reflexionar sobre estos temas, ni de atacar estos problemas desde la raíz. Pero si están leyendo este libro, los invito a que empiecen a analizar esto desde ahora, antes de que sea tarde y se hagan daño. Es un trabajo de autoconocimiento increíble, ¡les prometo que no se van a arrepentir!

Yo decidí resolver mis problemas y encontrar mis máscaras después de entrar en crisis, ¡pero ustedes pueden hacerlo cuando quieran! Por ejemplo, yo siempre decía que era una persona perfeccionista, demasiado asocial y muy cerrada a la que le costaba trabajo estar con otras personas, pero en este proceso descubrí que esa era solo una máscara, que yo no era así en realidad. Cuando me la quité, me di cuenta de unas cualidades que nunca había explorado porque me daban miedo, me sentía indefensa ante otros y sentía que no era valiosa para los demás. Aunque las personas me decían: "Tú tienes", "tú has hecho", "tú eres", yo nunca me sentía lo suficientemente buena, siempre me comparaba con otros y usaba máscaras de la amiga perfecta, de la *influencer* que se muestra increíble en redes sociales. Gracias a Dios ahora no solo recibo esos comentarios con amor, sino que yo misma me los digo frente al espejo cada vez que puedo.

Cuando decidí mostrarme vulnerable ante los otros recibí tanto amor y tanta comprensión, que me quité esa necesidad que tenía de mostrar que todo estaba bien. Logré soltar todas mis preocupa-

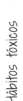

ciones y mi máscara de perfección que no me dejaba hacer cosas nuevas porque tenía miedo a fracasar. Si todavía tuviera esa máscara, creo que no habría podido escribir este libro.

Les voy a hablar de otra máscara que me quité que, para mí, fue súper especial. Como ya les conté, yo me mostraba como alguien cerrado, así que no me gustaba expresar amor físicamente: no me gustaban los abrazos, los besos ni que me consintieran. Entonces, se podrán imaginar que ir a hacerme un masaje era el plan más aburrido y tortuoso del mundo. ¿Pero adivinen qué? Cuando me quité esa máscara de persona fría y lejana, descubrí que me fascina que me consientan, que me hagan masajes, que me expresen el amor de una manera física, ¡y también me encanta expresarlo así! Puede que esto les parezca muy sencillo, pero cambió por completo mi vida. Hoy estoy segura de que esa máscara ponía un muro alrededor mío para que nadie me hiciera daño, para que no me pasara nada malo, pero también me hizo perderme muchos momentos lindos, muchos masajes relajantes hechos por mi mamá y besos apasionados con mi esposo en la mitad de la calle... Ahora no dudo ni por un instante cuando tengo la oportunidad de dar o recibir amor de manera física, es algo que me hace realmente feliz.

Mi máscara más grande era la de mostrar en mis redes sociales que todo en mi vida estaba bien, aunque estaba destrozada por dentro. Cuando empecé a considerar contarles a mis seguidores sobre mi depresión y que había estado internada —es decir, quitarme por completo esta máscara—, las personas que estaban a mi alrededor me recomendaron que no lo hiciera, porque iba a afectar mi trabajo. Pero la verdad es que la decisión de hablar públicamente sobre esto la tomé yo sola, y en contravía de las recomendaciones que me hicieron, pues sentí que era algo que debía hacer por mí, porque me nacía hacerlo, sin importar que nadie estuviera de acuerdo. Lo hablé seriamente con mi mánager y le dije que no me importaba si me afectaba laboralmente, porque sabía que iba a ayudar a muchas personas. Recuerdo que le dije: **"Sé que voy a ser una mensajera de estos temas que todavía están tan estigmatizados"**, y salí a contarlo todo.

Como en mis redes yo era un referente de alegría y de una vida perfecta —lo que también ponía una responsabilidad enorme sobre mis hombros, porque la vida no es así, las cosas no siempre salen como uno quiere—, cuando conté lo que me estaba pasando y cómo me estaba sintiendo, todo el mundo quedó en shock. Después vi las fotos que publiqué en redes en ese tiempo de crisis y, aunque me veía un poco mal, la gente no lo dimensionaba ni lo relacionaba con lo que les estaba contando, pues siempre salía sonriendo, ponía emojis para que todo el mundo pensara que estaba feliz de la vida, aunque estuviera muriendo por dentro. Lo menciono aquí porque aprendí que el hecho de mostrarme vulnerable, y contar las batallas que enfrenté, y de las que logré salir adelante, puede ayudarles a las personas que estén pasando por situaciones similares.

Cuando salí de la clínica psiquiátrica, me demoré un poco en hablar de lo que me estaba pasando, porque si uno dice que estuvo en un centro de estos, lo primero que la gente va a hacer es estigmatizarlo a uno y tratarlo de loco. Y aunque sí hubo personas que dijeron eso, y probablemente dejaron de seguirme, lo que sucedió después de hacer público mi proceso fue increíble. Empecé a sentir que tenía la responsabilidad de mostrarme como una persona común y corriente para que la gente se sintiera identificada conmigo, ¡y no se imaginan la cantidad de personas que me escribieron contándome que también habían estado internadas años atrás! Eso fue hace un par de años, pero todavía recibo mensajes relacionados con este tema; mis seguidores siguen viéndome como alguien que vivió lo mismo que ellos, incluso me escriben diciéndome que no pueden hablar con sus familias de lo que les sucede. Es impresionante, pero yo creo que sienten una enorme confianza con quienes nos mostramos en redes sociales 24/7, incluso más que con su círculo social, porque saben que yo no las voy a juzgar.

Este capítulo sobre hábitos tóxicos y máscaras es muy doloroso para mí, pues al escribirlo recordé muchas cosas de las que no me enorgullezco. **Este proceso de autoconocimiento es maravilloso,** es súper enriquecedor, pero no les voy a mentir, es muy profundo y puede tocar las fibras más sensibles de nuestros corazones. Pero mi intención con este libro no es sentirme culpable, ni avergonzarme por cosas del pasado, sino **compartir mi experiencia para que las personas que lo lean puedan tener relaciones sanas, felices y constructivas**. Este libro lo escribí sin filtros; he expresado aquí mucho más de lo que he contado en redes sociales. Aquí está todo lo que yo, Camila, les puedo entregar, todo lo que he descubierto después de tocar fondo.

Y decidí esperar dos años después de salir de mi internado para contarles todo esto por una razón específica. Podría haberlo hecho apenas salí de allí, seguro tendría la información más fresca y lista para compartirla, pero comprendí que, si lo hubiera hecho, habría regresado al círculo vicioso de pensar primero en los otros y no en mí. Por eso decidí dedicarle un buen tiempo a trabajar en cada una de las cosas que les estoy contando, a realmente tatuarlas en mi alma y sentirlas parte de mí, no solo para verificar que funcionan, sino para poder tener la plena conciencia de que ya estoy bien y por eso puedo ayudar a los demás. Creo que el simple hecho de haberme esperado demuestra que voy por buen camino, ¡que aprendí la lección! Entonces, los invito a seguir leyendo para que puedan descubrir cómo seguí avanzando en mi proceso, cómo aprendí a amar(me).

Sexto capítulo

Herramientas

Este capítulo me parece súper importante, porque aquí les voy a dar unas herramientas que a mí me funcionaron muy bien en el proceso de sentirme bien conmigo misma, de amarme, de aceptarme y de tener relaciones sanas con los demás y conmigo.

Es importante que tengan en cuenta que voy a explicar estas herramientas desde mi punto de vista, como paciente, con la mirada de alguien que las ha aplicado en su vida y ha logrado muy buenos resultados, no desde el punto de vista de un experto en salud mental y emocional. Si sienten que estas herramientas no son suficientes, o que necesitan ayuda profesional, ¡por favor no duden en pedirla!

Mindfulness

Antes de internarme, había sido practicante de una religión muy cerrada, que no me permitía hacer muchas cosas; por eso siempre había evitado la meditación y otras prácticas espirituales, pues creía que le hacían daño a mi relación con Dios. Es totalmente respetable si su religión no les permite realizar este tipo de acercamientos con el ser superior, pero les cuento que, cuando les abrí la puerta, mi vida cambió por completo.

En el internado me dijeron que debía meditar, aprender a vivir una vida más presente, más consciente. Decidí intentarlo, y el primer día que medité sentí a Dios muy cerca de mí; fue una conexión tan fuerte e impresionante, que supe de inmediato que estaba sintiendo a Dios en mi cuerpo, experimenté ráfagas de energía que me atravesaban por completo. ¡Lo sentí más fuerte y más cerca que durante una oración, un rosario o una eucaristía! ¡Fue increíble! Sin embargo, es importante tener en cuenta que la meditación es un proceso largo, que requiere de mucha disciplina; yo me demoré mucho en hacerla bien, de una forma consciente, pero vale mucho la pena.

Como sé que la meditación no es para todo el mundo, quiero enfocarme aquí en el *mindfulness*, que, aunque va de la mano de la meditación (porque el *mindfulness* nos ayuda a meditar), es mucho más fácil de aplicar. **El *mindfulness* propone hacer todas las cosas de una manera consciente, cada acto que realices en el día, por pequeño que sea.** Yo, por lo general, estaba en todos lados menos donde tenía que estar; estaba en el futuro, en el pasado, pero nunca en mi presente, me costaba estar en el aquí y el ahora, y esto precisamente es lo que enseña el *mindfulness*.

Mi terapeuta me prestó un libro que se llama *Mindfulness para la felicidad*[4], con el que aprendí que uno puede ser realmente feliz con esta herramienta tan básica; basta con dejar el celular a un lado cuando estamos almorzando y estar pendiente de lo que sentimos y experimentamos mientras comemos. Los invito a que lo intenten, el cambio que se siente es maravilloso. En mi proceso hice varios ejercicios de *mindfulness*, y uno de los que más me gustó involucraba la comida. Debía demorarme comiendo mínimo veinte minutos; debía pensar en cada bocado, de dónde venían los nutrientes, a qué me sabían, qué textura tenían, cómo

4 Baer, Ruth A., *Mindfulness para la felicidad*, Barcelona: Urano, 2014.

habían sido cocinados... Comer de manera consciente es un proceso realmente diferente, y muy satisfactorio.

Otro ejercicio que me gustó mucho era ser consciente de cada cosa que hacía cada mañana, desde que abría los ojos. Si me metía a la ducha, debía pensar en el agua que estaba pasando por mi piel, de dónde venía, ¿de la montaña o del manantial?, pensar en los nutrientes, en la naturaleza, en qué sensaciones me generaba. Luego, al salir de la ducha, me secaba, sentía mi cuerpo y me aplicaba crema, siendo completamente consciente de todo, estando presente en el momento.

Para mí fue clave entender que el **_mindfulness_ consiste simplemente en observar los pensamientos, sin juzgarme por tenerlos, y sin preocuparme de más por cosas simples y pasajeras.** Por ejemplo, yo vivía con unas novelas mexicanas dramáticas en mi cabeza; si una persona no me saludaba como esperaba, creía que era porque quién sabe cómo la había tratado antes, pero el _mindfulness_ me enseñó que lo más probable es que no fuera nada personal, que tal vez esa persona sencillamente no estuviera presente cuando se acercó a mí. En otro momento de mi vida me quedaría el día entero pensando en las razones que tuvo esa persona para actuar así conmigo; ahora, simplemente, dejo que fluya lo que pasó. Ya no me estanco en nada ni con nadie.

El *mindfulness* también me hizo comprender que, así creamos que somos el centro del universo, no hay nada más alejado de la realidad. Es decir: sí somos el centro de un universo, ¡pero solo del nuestro, no del de los demás! Por esto debemos aceptar que no tenemos control sobre nadie más que nosotros, y que no nos debemos dejar afectar por los demás, pues no sabemos qué batallas internas están luchando, que no tienen nada que ver con nosotros.

Ejercicios

Para poner en práctica esta herramienta, les voy a sugerir tres ejercicios:

◆ Todas las mañanas, cuando se despierten y abran los ojos, revisen su entorno. Sientan si el día es frío o caliente, si están emocionados o nerviosos. Levántense y báñense conscientemente, y verán cómo su día empieza de una manera maravillosa. Los invito a tener una mañana *mindful*. Podrían despertarse cinco minutos antes para darle a cada momento el tiempo que necesita para vivirlo con plenitud, porque esa es la verdadera plenitud: algo tan simple como ser conscientes de que nos estamos bañando.

◆ Si en la mañana les cuesta mucho hacer este ejercicio porque están corriendo mucho, tómense un momento en cada *break* que hagan para recibir los alimentos, pensar en sus nutrientes, las texturas, los olores y los colores. ¡Les prometo que sus comidas van a cambiar por completo!

◆ El tercer ejercicio es mirarse al espejo, ver su cuerpo y aceptarse como son. Dar las gracias por lo que tienen, ya sea una manchita, una peca o una arruga. Yo muchas veces me he sentido incómoda con mi cuerpo, pero he aprendido que debemos aceptarnos como somos. Pueden realizar este ejercicio por las noches, cuando sigan su rutina de cuidado de la piel: piensen en cómo entra la crema por sus poros, cómo la sienten, qué sensación les queda cuando acaban. Yo hago esto todas las noches y me encanta, porque me ayuda a sentirme linda y a agradecer por todo lo que soy y lo que tengo.

♡ Somos perfectos ♡

Como ya dije, todos somos seres perfectos, tal como somos, porque Dios no se equivoca. Nuestra estatura, nuestro peso y el color de nuestros ojos son perfectos, porque Dios nos hizo así. No olviden nunca que somos perfectos ante los ojos de Dios. Además, lo que para ustedes es perfecto, puede no serlo para mí, y esto es normal, porque somos individuos distintos; lo mismo sucede con lo que para mí es belleza, que puede que para ustedes no lo sea. La idea de belleza es tan diferente para cada persona, que uno no se tiene que sentir mal por no ser como las modelos de revistas.

Cuando entendemos que somos perfectos, y que no necesitamos cumplir con un estándar social, nos quitamos la carga de querer ser lo que no somos —y esto es súper importante en esta sociedad de redes, que nos puede hacer creer que necesitamos todo lo que tienen las otras personas... pero no es así—. Si no nos vemos y sentimos lindas, ¿quién nos va a ver lindas? Si nosotros mismos no podemos hacernos un cumplido, nadie más nos lo va a dar.

Cuando me siento mal con algo que veo en el espejo, o con algo que estoy sintiendo en mi interior, recuerdo que Dios me hizo así, entonces debe haber una buena razón para esto. Sé que he hablado mucho de Dios en este libro, y si no creen en Él, lo entiendo y lo respeto; los invito entonces a que piensen en lo que cada uno crea, ya sea en la ciencia o en la teoría de la evolución, y verán que funciona también, pues en el universo no hay nada hecho a medias.

Ejercicios

- Mírense al espejo y mencionen cinco cosas que les gusten de ustedes. Seguro ya tienen una lista de las cosas que quisieran cambiar, pero los invito a que piensen en las cosas que sí les gustan, en todo lo lindo que tienen.

- Cuando estén pasando por un momento que les parezca incómodo, o en el que se sientan inseguros, paren y digan: "Soy una creación perfecta de Dios (o del universo, o de la ciencia, o de lo que funcione para ustedes)". Acéptenlo, créanlo e interiorícenlo. Él no se equivoca.

- Este ejercicio a veces es difícil, pero los invito a mostrarse como son en redes sociales. Los reto a que suban una foto sin filtros ni edición: les aseguro que sus amigas y amigos les van a decir que están lindos y nadie se va a fijar en lo que querías editar. Es hora de salir de esa burbuja en la que escondemos nuestras imperfecciones y mostrarnos como somos. Si quieren, pueden usar el *hashtag* de este libro cuando suban la foto: **#AprenderAAmarme**.

La media sonrisa

Científicamente se dice que cuando uno mueve los músculos de la sonrisa activa algo en su cerebro que lo hace pensar que uno está sonriendo de verdad. Entonces, los invito a que cuando estén pasando por un momento difícil o estresante, apliquen esta técnica: intenten sonreír —así sea a medias—, y verán cómo cambia por completo su percepción de la situación.

Yo, por ejemplo, les tengo mucho miedo a los aviones, pero siempre intento subirme sonriendo, y esto me ayuda a sentirme mucho mejor. **La media sonrisa me ha salvado de momentos de pánico y de ansiedad**, ¡y es súper fácil hacerla!

Ejercicio

◆ Cuando estén angustiados o tristes por algo, apliquen la táctica de la media sonrisa. ¡Les juro que se sentirán mejor de inmediato!

Divertirse hasta que sea divertido

Esta herramienta es muy útil para las personas cerradas; para quienes de pronto la vida no les ha permitido abrirse a otras opciones, o su baja autoestima no las ha dejado mostrarse como son. Yo la aprendí a las malas, porque en mi internado mi terapeuta me impulsó a interactuar con otras personas. Cuando salí de mi internado comencé a aplicar esta herramienta, que consiste en hacer cosas divertidas, que en un principio no queremos hacer, para descubrir que sí nos hacen felices. Por ejemplo, cuando una amiga me invitaba a salir y yo no quería, me obligaba a ir; si no la pasaba bien, me decía que la siguiente vez sí lo haría, y lo intenté muchas veces hasta que llegó el momento en el que de verdad me sentí bien, y ya no tenía que fingir que me estaba divirtiendo.

Recuerdo que cuando llegué a la clínica psiquiátrica me preguntaron cuáles eran mis hobbies, y yo respondí que dormir. ¡Qué tristeza! Yo no tenía una actividad diferente a mi trabajo por la que sintiera motivación, porque estaba tan perdida y plana en la vida, que no sabía cómo divertirme. Entonces, decidí probar diferentes hobbies: compré pintura, pero empecé a pintar y no me gustó. Después encontré el *lettering*, que fue divertido por un tiempo, pero no me llenó del todo. Luego llegaron los rompecabezas a mi vida, ¡y descubrí que me encantan! Es un hobby que me ha ayudado a pasar el rato, a disfrutar el momento y a relajarme y despejarme. Me aficioné tanto a este que podía pasar cinco días en mi casa absorta, armando rompecabezas, pero era muy consciente de que tenía que salir y hacer otras actividades, pues era esencial para mi proceso. Decidí buscar algo para hacer al aire libre y encontré la equitación. No les puedo explicar lo que siento cuando estoy con un caballo, cuando galopamos juntos sin parar. ¡La libertad y la paz que siento son realmente impresionantes! Estos animalitos son súper terapéuticos, y la conexión que tengo con ellos es muy especial. Le agradezco a Dios todos los días por haberme dado la oportunidad de practicar un deporte tan espectacular.

Sé que buscar un hobby o hacer cosas divertidas puede resultar costoso a veces, pero les aseguro que existen millones de planes que no necesitan un gran presupuesto. Por ejemplo, las asociaciones de exalumnos de varios colegios y universidades ofrecen planes y actividades para sus exalumnos, así como descuentos para actividades extracurriculares. Los fondos de empleados y las cajas de compensación también tienen una oferta muy amplia de cosas para hacer. Los invito entonces a que investiguen en las páginas web, o si les queda fácil acérquense a los centros de atención para pedir información al respecto. También pueden buscar otras actividades en la Secretaría de Recreación y Deportes de su ciudad, o incluso inscribirse a cursos en línea que a veces ofrecen el primer mes gratis. Lo importante es indagar todas las opciones posibles y no quedarse estancado en "no tengo el dinero o el tiempo para hacer las cosas". Estoy segura de que, si hacen una búsqueda exhaustiva, encontrarán algo que los llene, los motive y los inspire.

Ejercicios

- ¿Qué tal si se arriesgan a hacer tres actividades que no hayan hecho nunca? Pueden ser cosas que siempre les han llamado la atención, pero nunca se han atrevido a intentarlas. O cosas completamente nuevas e inesperadas que les parezcan interesantes. Los invito a que las realicen y me las compartan con el hashtag de este libro.

- Acepten una invitación para salir de su zona de confort. Yo sé que esto puede ser difícil al principio, que a veces no tenemos ni las ganas ni el impulso para hacerlo, pero creo que en ocasiones es necesario incomodarnos para encontrar las cosas maravillosas de las que nos estamos perdiendo.

♡ Quien pierde es el otro ♡

Ya hablé un poco sobre este tema en el libro, pero me parece muy importante profundizarlo. Yo era extremadamente celosa, porque era muy insegura, y el hecho de aprender a amarme fue clave para cambiar estas actitudes tóxicas. Solo así logré entender que cuando mi pareja (o amigo, o familiar, o jefe) hace algo que a mí no me gusta, o que afecta la relación, quien pierde es él, no yo, porque me va a perder a mí: se va a quedar sin una persona tan increíble como yo. Cuando comprendí esto, todos mis miedos y mi toxicidad desaparecieron.

Yo antes decía: "Si Felipe me deja, me voy a morir, no voy a poder vivir". Ahora digo: "Si Felipe me deja, pobre él, porque yo sé que soy una persona extraordinaria y él no va a conseguir a alguien como yo". Cuanto uno siente esa autoconfianza, cuando uno se siente tan bien con uno mismo, no hay modo ni

razón para celar a alguien; además, su pareja siente respeto hacia uno porque sabe que, si la embarra, lo va a perder. Eso me pasó con mi esposo; yo tengo tanta confianza en mí que creo que él ni siquiera ha intentado hacer algo malo, porque sabe que me puede perder. Y lo mismo pasa al revés: yo lo respeto y lo valoro, pues sé que es un hombre maravilloso, ¡y como él pocos! Por eso respeto nuestra relación y la cuido como algo realmente preciado.

Recuerden que esto no es egocentrismo y no es algo negativo: es simplemente aceptar lo buenas personas que somos.

Ejercicios

- ◆ Escriban un contrato con ustedes mismos en el que se comprometan a no tener comportamientos tóxicos.
- ◆ Si por alguna razón su pareja les es infiel —y aquí no solo estoy hablando de estar con alguien que no sean ustedes, pues la infidelidad va mucho más allá de unos cachos—, recuerden y reflexionen sobre esta herramienta y, si desean irse de esa relación, háganlo con dignidad, pues recuerden que quien pierde es el otro.

♡ Cambio de mentalidad ♡

Dejar atrás la mentalidad negativa y comenzar a cambiarla por una positiva es supremamente importante. **Tenemos que ser muy cuidadosos con las cosas que decimos y pensamos, porque al final la mente y las palabras tienen tanto poder, que todas estas cosas se pueden volver realidad.** Si uno dice: "Las personas me quieren, yo me amo, el entorno que me rodea es bueno", pues eso es lo que va a tener y a recibir. Pero si uno dice todo lo contrario, lo que va a lograr es atraer situaciones y comportamientos negativos que solo le van a hacer daño.

Más adelante hablaré en detalle sobre las afirmaciones positivas y el valor que tienen en nuestra vida, pero por ahora los invito a que comiencen a hacer ese pequeño cambio de mentalidad de lo negativo a lo positivo. Si se despiertan y el día está frío, piensen en lo bueno que es haberse despertado y no en los problemas con el clima. ¡Nadie dijo que fuera fácil! Es un proceso, y a mí hoy en día me sigue costando mucho lograrlo. Pero este cambio de chip es clave para una transformación completa, y es fundamental para aprender a amarnos.

La verdad, yo antes pensaba que las personas que hacían esto eran parte de un culto extraño, pues nunca aceptaban nada negativo. Sin embargo, lo intenté una vez y realmente me funcionó, así que decidí aplicarlo todos los días de mi vida, y de cada situación negativa intento ver algo positivo. Ya han leído en este libro que yo pienso constantemente que Dios me puso X o Y problema en la vida por alguna razón específica... pues bueno, también trato de encontrar una fuerza mayor, algo que me motive y me empodere de esa situación negativa para no quedarme en la parte fea de la situación, sino para avanzar y salir fortalecida de ella. ¡Inténtelo y verán cómo cambia todo!

Ejercicio

◆ Este ejercicio me gusta mucho, porque me llena de buena energía. Los invito a que todos los días se tomen un tiempo para escribir en un cuaderno, un diario, o incluso en las notas de su celular, algo por lo que estén agradecidos, o algo bueno que les haya pasado ese día. Se van a dar cuenta de que son personas muy afortunadas y que les pasan un montón de cosas bonitas, y así lograrán que el negativismo, si lo tienen, se vaya de sus vidas. Ahora incluso existen unas agendas de gratitud súper bonitas, llenas de afirmaciones positivas, que nos ayudan a adquirir este hábito a diario. ¡Los invito a intentarlo!

Me parece importante mencionar aquí que todo en extremo es malo. Si una situación es simplemente difícil, dura, negativa, y por más que intentes no le encuentras el lado bueno o la enseñanza, ¡acéptala! Te juro que el aprendizaje llegará de alguna forma; creo que aceptar las situaciones tal y como vienen a nosotros también hace parte de nuestra madurez emocional. La clave está en intentar ver lo positivo, pero si definitivamente no está ahí, no hay problema; ¡no te exijas tanto!

♡ Tener un diario ♡

Tener un diario es una herramienta maravillosa para interiorizar lo que nos está pasando, para saber cómo nos sentimos, qué está bien en nuestras vidas y qué cosas podemos mejorar. A mí me ayudó muchísimo llevar un diario en mi recuperación: todas las noches, antes de dormir, escribía en mi diario y concretaba y profundizaba lo que había vivido y aprendido en el día. Muchas veces sentimos que

Aprender a amar(me)

nos pasó algo raro y no sabemos muy bien por qué nos hizo sentir así, pero el simple hecho de escribir sobre esta situación nos puede ayudar a descubrir muchas cosas; es un proceso de introspección súper bonito, y, además, es también una herramienta para recordar las cosas buenas que nos pasan.

Ejercicios

- ◆ ¡Comiencen a escribir su diario! Recuerdo que alguna vez un terapeuta me recomendó hacerlo a mano, porque así uno tiene consciencia plena de lo que está haciendo, pero cada uno fija sus propias reglas: si quieren hacerlo en notas de voz, o de una manera más gráfica, como un *collage*, ¡adelante! Lo importante es que lo hagan de una manera que les parezca especial.

- ◆ Si ya tienen varios diarios llenos, podrían revisarlos para recordar todo su proceso y ver lo lejos que han llegado. Esta es una forma increíble de motivarnos a seguir adelante. Pero recuerden que, si ven que este ejercicio les hace daño, o si creen que su salud mental no está preparada para hacerlo, es mejor que se detengan y lo retomen más adelante. Siempre nuestra salud va primero.

♡ *Trackers* de hábitos ♡

Yo soy una persona muy visual, así que me encanta tener agendas, libretas y hacer listas de tareas para irlas tachando a medida que las voy completando. Cuando conocí los *trackers* de hábitos (gráficas que nos ayudan a hacerles seguimiento a los hábitos que escojamos), me sirvieron muchísimo, porque son una forma muy literal de completar tareas. Por ejemplo, escribí "afirmaciones positivas" como un hábito en el *tracker*, y todas las mañanas me levanto a decirme afirmaciones positivas. Cuando termino, lo marco en el calendario con un chulito, un corazón o el diseño que quiera, y al final del mes reviso todos los días en que lo he hecho. **Esto me da una satisfacción grandísima, y una gran inspiración para seguir haciéndolo.**

Los *trackers* nos ayudan a recordar qué hábitos positivos queremos tener en nuestra vida y a sentirnos bien cuando los hacemos; también nos motivan a retomar aquellos que hemos suspendido, pero que sabemos que nos hacen bien.

Ejercicio

◆ Los invito a que creen un *tracker* de hábitos y escojan entre una y tres cosas que quisieran lograr en el próximo mes. Yo intento comenzarlos el primer día de cada mes, para ver con claridad cómo funciona durante este tiempo el hábito que quiero crear. Si no logran completar más de la mitad del *tracker*, ¡tranquilos! Inténtenlo el mes siguiente; ¡esto no es una carrera! Pero sí les aconsejo que, si ya llevan tres meses probando y no logran aplicar ese hábito en su vida, déjenlo ir. Tal vez no sea para ustedes, y esto no está mal tampoco.

Como ya les he dicho, yo prefiero empezar por metas chiquitas que pueda ir logrando con el paso del tiempo. Una vez intenté hacerles seguimiento a siete hábitos al tiempo y fue una locura. Entonces, escojan qué hábitos positivos quieren adquirir, y realícenlos con disciplina. Van a ver que cuando pase un tiempo ya ni siquiera necesitarán el *tracker* para hacerlos, pues les van a nacer automáticamente. Recuerden que para lograr instaurar un hábito en su vida solo necesitan hacerlo por veintiún días seguidos (o eso dice la sabiduría popular).

Aquí les dejo algunas opciones de *trackers* que les pueden servir de inspiración, ¡pero cada uno puede crear los suyos!

Tracker

No criticar	1	2	3	4	5	6	7	8	9	10	11	12	13	14	15	16
	17	18	19	20	21	22	23	24	25	26	27	28	29	30	31	

	1	2	3	4	5	6	7	8	9	10	11	12	13	14	15	16
	17	18	19	20	21	22	23	24	25	26	27	28	29	30	31	

	1	2	3	4	5	6	7	8	9	10	11	12	13	14	15	16
	17	18	19	20	21	22	23	24	25	26	27	28	29	30	31	

	1	2	3	4	5	6	7	8	9	10	11	12	13	14	15	16
	17	18	19	20	21	22	23	24	25	26	27	28	29	30	31	

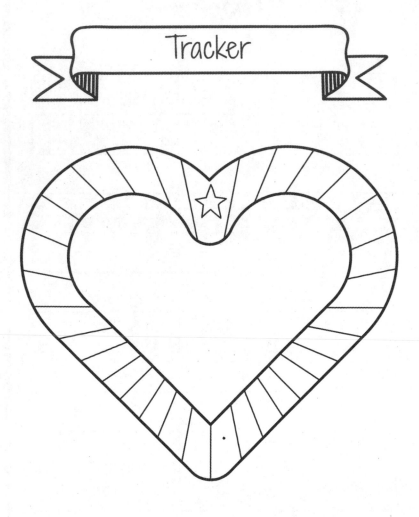

Tracker

¡A moverse!

Cuando entendí que el ejercicio lo hago para mi mente y no para mi cuerpo, mi relación con la actividad física cambió. A mí siempre me ha gustado hacer ejercicio: de hecho, hace varios años hice *pole dance,* estuve en un nacional y hasta me gané una medalla, así que, cuando el psiquiatra me mandó como fórmula médica hacer ejercicio tres veces a la semana, lo asumí como si fuera un medicamento.

El ejercicio no solo nos ayuda a sentirnos bien con lo que vemos en el espejo —y eso ya es demasiado bueno—, sino que activa un pedazo de nuestro cerebro que crea la serotonina, la hormona de la felicidad, que se encarga de controlar nuestras emociones y nuestro estado de ánimo. Esto es demasiado sanador, y les juro que nunca se van a arrepentir de un entrenamiento. Al principio, sobre todo si no están acostumbrados a hacer ejercicio, les puede dar pereza empezar, pero cuando encuentren un entrenamiento que les guste, van a disfrutar mucho haciéndolo. Yo intenté hacer de todo: natación, pilates, yoga, hasta que encontré a una entrenadora que viene a mi casa y ha sido maravilloso (porque además no puedo negarme): no tengo la necesidad de ir al gimnasio, sino que ella llega a mi casa y debo recibirla.

Ejercicios

- Piensen en el deporte, la actividad física o el ejercicio como un beneficio mental más que uno físico: ¡sus aportes para nuestra salud mental son enormes! La tarea que les pongo con esta herramienta es que, si no están acostumbrados a hacer nada de ejercicio, empiecen por caminar treinta minutos, tres veces a la semana. No es necesario que se vuelvan los gurús del *fitness* de la noche a la mañana, pero les prometo que con el simple hecho de caminar un poco cada día van a sentir un cambio, y va a ser tan maravilloso, que van a querer hacerlo a diario.

- Si, por el contrario, ya practican algún deporte con regularidad, los invito a que lo hagan de una manera *mindful*, es decir, que en esos momentos no piensen en nada más que en realizarlo correctamente, en sentir cómo se mueven sus músculos con cada ejercicio, en sentir cómo su cuerpo recibe esta actividad. ¡Espero que con esto noten la conexión de su mente y su cuerpo, es algo súper especial!

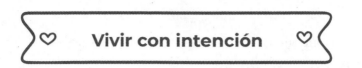

Vivir con intención

No siempre podemos saber a ciencia cierta para dónde vamos, qué podremos lograr, ni tener claridad sobre las cosas que van a pasar en el futuro. Esto puede llevarnos a que no actuemos con motivación en nuestro día a día, pues la incertidumbre puede ser muy frustrante. Sin embargo, en mi proceso aprendí que cuando uno vive con una intención clara —es decir, cuando uno sabe qué quiere, y trabaja para conseguirlo— es mucho más fácil seguir adelante, así nos encontremos con obstáculos en el camino. Yo, por ejemplo, procuro vivir con la intención de sentirme plena a diario. Para esto, tengo que realizar pequeñas acciones que me lleven a lograrlo: alimentarme bien, tener buenas relaciones, quererme, trabajar en lo que me gusta, estar bien conmigo misma, hacer cosas que me gusten, etcétera.

Ejercicios

◆ Los invito a que hagan un trabajo profundo de introspección para descubrir qué intención tienen para su vida. ¿Qué quieren lograr? ¿Por qué es importante para ustedes? ¿Qué necesitan para hacerlo? ¿Qué los inspira a conseguirlo? Con estas respuestas en mente, va a ser más fácil construir una ruta de acción para llegar a donde quieren en sus vidas. Y recuerden: nadie dijo que es un camino fácil ni rápido, es un proceso y, como tal, lleva tiempo. ¡Pero la satisfacción cuando lo logramos no nos la quita nadie!

◆ Si todavía no tienen clara una "gran" intención para su vida (¡y no se preocupen por esto! ¡Vamos a descubrirla poco a poco!), pueden empezar con pequeñas intenciones diarias, como por ejemplo: "Hoy tengo la intención de sentirme bien conmigo mismo". Para lograrlo, puedo ponerme metas: no me voy a criticar, voy a mirarme al espejo con amor, voy a darme un masaje (¡o hacer cualquiera de los tips de autocuidado que les he enseñado en este libro!). Así, poco a poco, van a aprender a vivir su vida con intención, y, cuando descubran qué quieren lograr en su futuro, podrán aplicar esta técnica a una intención mayor.

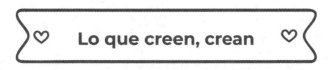

Lo que creen, crean

¡Esta herramienta es impresionante! Ya les he hablado un poco del poder de la palabra, porque todo lo que uno dice se vuelve realidad, ya sea positivo o negativo. Si siempre se están diciendo: "Yo soy malo, no puedo, nadie me quiere", eso es lo que van a construir en su vida y lo que van a tener en su entorno, porque lo que creen, crean. **Crean en una vida feliz, plena, llena de cosas maravillosas, y así la crearán.**

Yo hablaba en negativo con frecuencia, pero cuando recordé lo poderoso que es el lenguaje, me volví súper estricta y cuidadosa con mis palabras, con todo lo que salía de mi boca, e incluso con lo que pensaba. ¡He mejorado muchísimo! Y les quiero contar algo que me ha servido mucho. En la película *Luca*[5], de Disney, el protagonista siempre tiene una vocecita en su interior que le habla en negativo y no lo deja hacer nada, por puro miedo. Su amigo Alberto lo invita a callar a esa voz interior, que denomina Bruno, gritando: "¡Silencio, Bruno!". Entonces, mi esposo me dio la maravillosa idea de ponerle nombre a la voz negativa que a veces se asoma por mi cabeza, y le puse Violeta —¡cuando pequeña me quería llamar así! De hecho, en muchas ocasiones marqué mis cuadernos como Violeta Zuluaga—. Ahora, cuando quiero callar esos pensamientos negativos,

5 Warren, A. (productora), Casarosa, E. (director), 2021, *Luca* [película]. Estados Unidos: Walt Disney Pictures-Pixar Animation Studios.

le digo: "Silencio, Violeta", y me dedico a pensar en cosas buenas y optimistas. Esa voz negativa ya no tiene cabida en mi vida, porque creo lo que creo, y yo creo en una vida plena, llena de felicidad.

Ejercicios

◆ Piensen en lo que quieren crear en su vida y comiencen a creer en ello. Decidan qué van a creer para crear su realidad; guíen sus pensamientos y conversaciones hacia lo que quieren crear. Pueden escribirlo para que lo lean y lo recuerden siempre.

◆ Los invito a ponerle un nombre a esa vocecita que a veces los lleva a pensar en las cosas negativas. Les doy todos los créditos a Disney y a mi esposo por Violeta.

◆ Este no es un ejercicio puntual sino algo que quiero que tengan presente todo el tiempo: "Siempre sean impecables con sus palabras". Este es uno de los cuatro acuerdos universales de la sabiduría indígena tolteca, que explica el doctor Miguel Ruiz en su libro *Los cuatro acuerdos*[6]; en resumen, él plantea que lo que sale de

6 Ruiz, Miguel Ángel, *Los cuatro acuerdos*, Barcelona: Urano, 2002.

nuestra boca es lo que somos y, por eso, con nuestras palabras podemos construir o destruir. ¡Recuérdenlo siempre!

♡ Hacer un stop para manejar nuestros impulsos ♡

Muchas veces hacemos cosas por simple impulso, sin pensar en las consecuencias, pero esto puede hacernos mucho daño a nosotros y a los demás. Entonces, cuando se enfrenten a una situación difícil, antes de reaccionar impulsivamente, recuerden la señal de tránsito de "Pare", que nos indica que no podemos avanzar. Cuando ya se hayan calmado, procedan de manera consciente. Este acróstico me ayuda a recordar los pasos a seguir:

S: Stop (¡Para!)

T: Toma una respiración

O: Observa lo que está pasando

P: Procede de una manera consciente y no automática

Ejercicio

◆ Intenten no reaccionar "en caliente" cuando suceda algo inesperado, o cuando alguien los haga

sentir mal. Siempre es mejor parar, respirar, observar y proceder cuando ya estemos tranquilos. ¡Esto aplica para todos los aspectos de nuestras vidas!

♡ Adiós a las compañías tóxicas ♡

Hay un dicho que dice que uno es como las cinco personas con las que siempre está. Si uno está con personas envidiosas, chismosas, mala vibra, eso es lo que va a tener en su vida; pero si uno se rodea de personas emprendedoras, que les gusta trabajar, hacer ejercicio y divertirse, así también va a ser uno.

Por eso, si ven que tienen relaciones tóxicas con su grupo de amigos o familiares, pues detectaron que ciertas personas tienen actitudes nocivas, que los incomodan, ¡tienen que alejarse! Y aquí no estoy diciendo que sean antipáticos, o que sean groseros: lo que les digo es que se alejen de quienes les hacen daño. **Recuerden que nosotros debemos ser nuestra prioridad,** lo único que de verdad importa; si no nos ponemos de primeras en nuestras vidas, nadie más lo va a hacer por nosotros. Yo no sé en qué momento nos obligaron a mantener relaciones eternas, así no sean saludables para nosotros. ¡Tenemos derecho a vivir en un entorno de paz, donde nos quieran y nos respeten! Creo que esto lo sufrimos más con familiares o amigos de toda la vida; sentimos una responsabilidad grande por no alejarnos o hacerlos sentir mal, solo porque tienen un letrero invisible que dice "Soy tu familiar, puedo decirte lo que quiera", o "Nuestra amistad tiene quince años, no podemos romperla". ¡Pero sí pueden! Aléjense y no permitan que nadie los haga sentir mal. Dejen a un lado esos prejuicios de estar eternamente con alguien solo por costumbre, esto no es bueno para nosotros ni para ellos.

Ejercicios

- ◆ Si descubrieron que tienen alguna relación que les hace daño, los invito a que lo hablen con la otra persona para intentar arreglarla. Revisen juntos qué sucede, por qué no está fluyendo la armonía en su relación y hagan una lluvia de ideas de cosas para mejorar. Si después de esto la relación sigue siendo tóxica —o si la otra persona ni siquiera se tomó el tiempo de hablarlo con ustedes—, lo mejor es decir adiós.

- ◆ Así como debemos revisar las relaciones que no están bien en nuestras vidas, es muy importante resaltar las que sí funcionan. Los invito a que

piensen en qué características tienen las personas que los rodean y los hacen sentir bien, y que
intenten identificar por qué los hacen sentir así.
¡Incluso pueden hablarlo con ellos! Es muy bonito cuando una relación funciona para las dos
personas, y no sobra recordarlo, siempre que
tengamos la oportunidad.

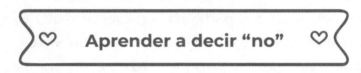

♡ Aprender a decir "no" ♡

¿Alguna vez han sentido que les arde la garganta
cuando van a pronunciar la palabra *no* frente a la
petición de alguien más? ¡Tranquilos! ¡Me ha pasado muchas veces! Me cuesta muchísimo trabajo decir *no*, pero soy consciente de que es importantísimo saber hacerlo. Tenemos que aprender a decirla
con valentía, porque muchas veces este *no* expre-
sa nuestro amor propio y nuestro autocuidado, nos
ayuda a protegernos y a poner nuestro bienestar,
antes que nada.

La primera vez que le dije *no* a una situación que
para mí era incómoda, y que hacía solo para com-
placer a otros, sentí que había descargado de mis
hombros muchos kilos y responsabilidades. Tal vez
piensen —a mí me pasó— que, si le dicen que no

a alguien, esa persona se quedará sin ningún apo-yo o se meterá en mil problemas: *spoiler alert,* ellos siempre van a terminar resolviéndolo solos, porque pueden hacerlo, pero están acostumbrados a que personas como nosotros les hagamos las cosas. Si nos ponemos a pensarlo en detalle, decir *no* es tam-bién un gana-gana para todos.

Ejercicios

- ♦ Reflexionen sobre un momento en el que hu-bieran preferido decir *no* y no lo hicieron, inde-pendientemente de la razón. Pero no lo hagan para juzgarse ni para criticarse: recuerden que siempre debemos acercarnos a lo que quere-mos cambiar de nosotros desde el amor. Lo im-portante es caer en cuenta de que se habrían sentido mejor si hubieran dicho *no*, para poder hacerlo en una próxima oportunidad.

- ♦ Así como nosotros debemos aprender a decir no, creo que también es clave que entendamos que las otras personas están en todo su derecho a decir lo mismo. Entonces, antes de pedirle a al-guien algo que saben que lo va a incomodar, o lo va a poner en problemas, piensen si realmen-te es necesario. ¡La empatía funciona en ambos sentidos!

♡ Hacerse respetar ♡

Esta herramienta es casi una norma de convivencia básica**; tenemos que hacernos respetar por encima de todas las cosas.** Nadie tiene por qué gritarnos ni tratarnos mal; hay formas civilizadas de solucionar los conflictos. Si estamos en un enfrentamiento con otra persona, y nos quedamos callados, sin "defendernos", la otra persona va a seguir repitiendo sus palabras y sus actitudes una y otra vez. Si, en vez de esto, le decimos calmadamente que no nos falte al respeto, la persona se va a detener y va a buscar otra manera de arreglar las cosas. Con esto no les estoy diciendo que se conviertan en peleones: **solo les sugiero que se den su lugar y le expresen a los demás que nadie puede irrespetarlos**. Y esto empieza por uno mismo: si uno se respeta a sí mismo, los demás también lo respetarán.

Esta herramienta puede parecer obvia, pero para mí fue demasiado difícil de interiorizar. Yo no solía alzar mi voz para hacerme respetar, prefería evitar el conflicto a toda costa. Pero aprendí que incluso en conversaciones "graciosas" y triviales con nuestros amigos, cuando se pasen un poquito con sus comentarios, siempre debemos decirles: "No hables así de mí, no es verdad, respétame".

Y bueno, ¡ni hablar de mis redes sociales, donde recibo *hate* a diario! Antes ignoraba y bloqueaba a los usuarios que me dejaban comentarios ofensivos, pero poco a poco aprendí que, aunque sea agotador ponerse a discutir con alguien, o tratar que entienda nuestro punto de vista, es necesario contestarles —a veces, no siempre, porque no soy de palo— para que entiendan que detrás de esa pantalla hay una persona de carne y hueso, con sentimientos y emociones, y no me merezco que me traten así. El 95% de las personas a las que les respondo me vuelven a comentar pidiéndome disculpas por atacarme; creo que, de verdad, el hecho de responderles les recuerda que no soy un robot, y **así como yo los respeto, deben hacer lo mismo conmigo**.

Ejercicios

- Dejemos de normalizar esos comentarios ofensivos hacia nosotros. La próxima vez que reciban uno, así sea de los que disfrazan en un comentario chistoso o burlón, con el respeto que merece la persona que lo dijo, pídanle que no cruce esa línea de irrespeto con ustedes.
- Si creen en algo y los están queriendo convencer de otra cosa, hagan respetar su opinión desde el amor, siempre con argumentos.
- ¡No se queden callados! Su voz vale.

Séptimo capítulo

Cualidades

Cuando estaba en el internado, en una de las sesiones de trabajo me pidieron que dijera mis cualidades, y pensé que en el mundo había como diez y que yo tenía unas cuantas, ¡pero resulta que las cualidades que podemos tener los seres humanos son muchísimas! Yo las conocí en mi proceso, y descubrí que todos tenemos muchas cosas increíbles para darles a los otros y para ofrecerle al mundo. ¡No se imaginan cuántas!

Por eso decidí incluir en este capítulo un ejercicio con algunas de ellas, que no son tan comunes, para que descubran todo lo que los convierte en personas maravillosas y que seguramente no sabían que tenían, no habían encontrado las palabras para nombrarlo o ni siquiera sabían que existían.

Me parece importantísimo tener una lista amplia de cualidades, porque creo que así podemos conocernos mejor y encontrar aspectos de nosotros mismos que nos ayudan a amarnos más. Cuando descubrimos que podemos tener treinta o más cualidades, se nos sube la autoestima y encontramos más herramientas para impulsar nuestras vidas, relacionarnos con otros, agradecer y, en últimas, vivir mejor.

Los invito entonces a que lean muy bien todas estas cualidades, investiguen su definición (porque a veces las palabras significan cosas distintas a las que creemos), identifiquen cuáles los definen (pueden resaltarlas, encerrarlas en un círculo, subrayarlas o lo que quieran, ¡la creatividad no tiene límites!) y escriban al final del capítulo una pequeña carta de amor para ustedes mismos, incluyendo todas esas cosas maravillosas que los definen. Después de hacer este ejercicio, si alguien les dice que no tienen nada que ofrecer, van a tener muchísimos argumentos para decirle a esa persona que su afirmación es falsa, porque ahí ya conocerán un montón de cosas buenas que tienen dentro de ustedes y que los llenan de amor propio.

Ejercicio: ¿Qué cualidades me definen?

Precavida Intuitiva Hacendosa Conmovedora
Colosal Resuelta
Filántropa Metódica Decidida Plena
Afable
Leal Peculiar Íntegra Reflexiva Esencial
Abierta Efusiva
Tenaz Autónoma Calmada
Entusiasta Caritativa Ingeniosa Serena Seductora
Imparcial Práctica Diestra Espontánea

Apasionada Exquisita Cálida Incondicional Apreciada
Templada Potente
Humilde Cortés Progresista Expresiva
Creativa Mágica Considerada Notable Detallista
Activa Transparente
Rigurosa Acogedora Laboriosa Franca Imperturbable
Discreta Oportuna Virtuosa Dulce Comedida
Atenta Elegante
Jovial Bromista Equilibrada Simpática
Entretenida Sublime Mesurada Admirable Lúcida
Delicada Cordial
Intensa Vital Honrada Cariñosa Fabulosa
Bondadosa Asequible Modesta Sutil
Colaboradora Divertida
Coherente Fascinante
Digna Impecable Eficaz Fraternal Brillante
Altruista Espléndida Grata Desenfadada Sensata
Ocurrente Fiable Radiante Valerosa Pulcra
Benévola Afortunada Hábil Adorable
Madura Jocosa Diligente
Comunicativa Crítica Genuina
Luminosa Perseverante

Carta de amor a mí mismo

(Este es solo un ejemplo, pueden hacer la suya como les nazca)

Querid@ _____:

Sé que a veces tus inseguridades y miedos te hacen pensar que no eres suficiente, que no tienes nada bonito para ofrecerle al mundo, pero con este ejercicio descubriste cosas muy lindas que tienes por dentro y no te habías dado cuenta.

Encontraste que eres una persona **genuina**, que siempre actúa de manera auténtica con los demás, de acuerdo con tus principios y valores. Que eres **tenaz**, porque nunca desistes hasta lograr lo que te propones. Que eres **diligente** y te gusta que las cosas se hagan bien, con todo el cuidado del mundo, y **elegante**, llena de gracia y buen gusto.

¡Felicitaciones! Ahora que ya sabes que tienes todas estas cosas fantásticas por dentro, ¡sal a compartirlas con el mundo!

Con cariño,

_____

Octavo capítulo

Afirmaciones POSITIVAS

Yo aprendí, ya pasados los años, que las palabras tienen mucho poder, y pueden destruirte o construirte. En muchos libros se habla del poder de la palabra, incluso en la Biblia. Los expertos en el tema sostienen que lo que uno dice se convierte en realidad. Como ya les dije en una de las herramientas del capítulo 6, siempre debemos cuidar nuestras palabras, porque todo lo que creemos, creamos.

Yo, por ejemplo, antes decía: "Mi vida está mal, no me va bien" y, sin saberlo, eso era lo que estaba creando. ¡Grave error! Pero lo importante es que cuando lo detecté trabajé para cambiarlo, y las afirmaciones positivas me ayudaron en esto. Son una herramienta muy potente que podemos usar todos los días para construir nuestra propia realidad; para esto no necesitamos hacer una investigación exhaustiva ni la supervisión de nadie: es un proceso íntimo muy fácil de hacer.

¿Cómo funcionan las afirmaciones positivas?

Se ha escrito y hablado muchísimo sobre este tema. Según la programación neurolingüística, si uno se para frente al espejo y se dice frases positivas, su vida va a cambiar. No tengo idea de si realmente funcione, ¡pero pueden intentarlo! Yo, la verdad, las aplico de una manera diferente, y las utilizo para cosas que puedo controlar: por ejemplo, cómo quiero ser, cómo quiero actuar y cómo me relaciono con los demás. Les voy a contar entonces cómo lo hago, sin ser una gurú del tema ni nada por el estilo. Recuerden que todo lo que les he compartido en este libro viene de mi experiencia personal, de lo que a mí me ha funcionado en este proceso de despertar mi amor propio y aprender a amarme.

Las afirmaciones positivas son declaraciones sobre lo que uno quiere para su vida que llegan al subconsciente; esto es clave, tienen que llegar a esa parte de su mente, o de lo contrario pasarán inadvertidas entre el montón de pensamientos que a diario se cruzan por nuestra mente. Me he dado cuenta de que, para lograrlo, estas declaraciones deben cumplir con tres características. Es como si uno está en un carro mecánico y va a hacer un cambio: si uno no pisa el *clutch* (embrague), el carro no va a responder. Entonces, estos tres puntos que les voy a explicar a continuación harán que sus afirmaciones positivas funcionen:

1. Deben estar en el aquí y en el ahora. Tienen que pronunciarlas o pensarlas en tiempo presente. Por ejemplo, en vez de decir "Voy a tener abundancia", deben decir: "Soy abundante" o "Tengo abundancia". No van a ser tan efectivas las frases como "Voy a ser millonario", "Voy a viajar", porque están en tiempo futuro, y la mente no puede sentir algo que no ha pasado, así que no puede volverlo realidad (¡esto lo aprendí en un entrenamiento de líderes cuánticos hace unos años y me pareció impresionante!). En cambio, cuando decimos: "Soy millonario", nuestro cuerpo y mente lo sienten, porque está en presente; eso hace una gran diferencia para nuestro subconsciente.

2. Siempre debemos hablar en positivo. Una afirmación mal redactada es "No quiero tener malas amistades", porque ahí estamos hablando en negativo. Lo correcto es decir frases como: "Mis amistades son valiosas" o "Mis amigos son extraordinarios".

3. Tienen que ser reales, y deben estar convencidos de ellas. Nunca duden de la afirmación que

están diciendo: si quieren tener pareja, pero no están listos, no digan: "Cuando esté listo tendré una pareja". Para que sea una afirmación positiva deben decretarlo y confiar en lo que están diciendo: "Tengo una pareja extraordinaria". No es correcto decir "De pronto voy a tener el trabajo de mis sueños" o "Tal vez mejore mi relación". Debemos hacer a un lado expresiones como tal vez, de pronto, quizás, algún día, es probable, si hago determinada cosa lo voy a lograr. Es mejor decir: "Tengo el trabajo de mis sueños", "Tengo una relación increíble".

4. Y este es un bonus: a mí, por ejemplo, me gusta usar las afirmaciones positivas para cosas tangibles. Yo no digo "Tengo una casa", sino "Tengo un trabajo que me permite conseguir las cosas que sueño". En mis sueños puede estar incluida la casa, pero busco manifestarla con base en algo tangible, en este caso, mi trabajo.

5. Ya se habrán dado cuenta de que a mí me gusta tener una visión más realista de las cosas, aunque hay personas a quienes les pueda funcionar formular frases más soñadoras. Por ejemplo, su frase positiva puede ser: "Doy el ciento por ciento de mí", pero yo prefiero decir: "Hoy doy lo mejor de mí". Puede que lo mejor de mí hoy sea un

20% y con eso es suficiente, porque no todos los días soy capaz de dar el 100%, no siempre estoy con la misma energía, la misma agilidad mental, etcétera. Unos días daré más que otros, pero lo importante es que cada día doy lo mejor que tengo. Si me exijo mucho y no lo logro, siento que fracasé.

6. Si quieren soñar en grande, ¡adelante! A mí me funciona hacerlo de a poquitos, porque cuando no consigo a corto plazo lo que me propongo, me frustro, y esto, emocionalmente, no me hace bien. Pero recuerden que lo que funcione para ustedes está bien, yo les comparto mi testimonio para que ustedes se queden con lo que más resuena con su forma de ser y vivir la vida.

¿Cuándo usar las afirmaciones positivas?

Para esto no existen reglas. Cada uno puede elegir el momento del día en que quiere hacerlo, y las puede repetir cuantas veces quiera. En mi caso, yo lo hago apenas suena el despertador, antes de abrir los ojos. Si estoy con mi esposo, las digo en mi mente para no despertarlo; pero si estoy sola, las digo en voz alta. Lo importante es que las digan diariamente, y que no solo las digan, sino que se las crean hasta que sean una realidad en su vida.

También hay algunas afirmaciones que sirven para situaciones puntuales. Por ejemplo, cuando estoy a punto de tener un episodio de ansiedad, repito: "Respiro y me siento tranquila". Lo digo tantas veces que se convierte en un mantra y termina relajándome. A lo que voy con esto es que no hay un lugar o fecha exacta para usarlas, depende de la situación y de cada uno. Lo único importante es que aprendan a usarlas todos los días.

Ahora les compartiré algunas afirmaciones que me gustan mucho y les contaré algunas situaciones en las que pueden usarlas, y mis favoritas, las que me han ayudado a conseguir grandes cosas en la vida, se las voy a dejar en forma de afiche, por si quieren usarlas. ¡Les juro que tienen muchísimo poder! Me sirve mucho ponerlas de fondo de pantalla, o en un lugar visible de mi casa para releerlas durante el día.

También les voy a dejar un espacio para que creen sus propias afirmaciones, según sus necesidades y su realidad, y las escriban de la forma que más les guste. No olviden compartirlas en sus redes sociales con el **#AprenderAAmarme.**

Para enfrentar la vida

Me amo, me perdono, olvido y sigo adelante.
Todo lo que venga en mi camino
lo puedo superar.
Soy capaz de construir la vida que quiero tener.
Siempre supero los obstáculos
que la vida me pone.
Construyo el futuro que deseo.

Para mis relaciones

Tengo relaciones sanas, prósperas
y llenas de amor.
Mi entorno me quiere, me respeta
y me ama responsablemente.
Mi familia me ama y me respeta.

Para el amor propio

Soy linda, soy fuerte, soy poderosa.
Me amo y me respeto.
Tengo fuerza interior.
Amo cada parte de mí.
Me encanta lo que veo en el espejo.

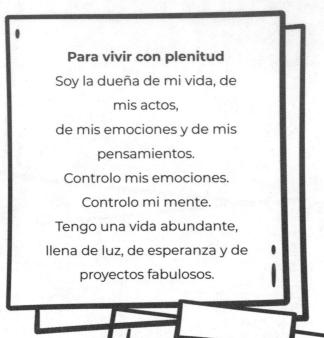

Para vivir con plenitud

Soy la dueña de mi vida, de
mis actos,
de mis emociones y de mis
pensamientos.
Controlo mis emociones.
Controlo mi mente.
Tengo una vida abundante,
llena de luz, de esperanza y de
proyectos fabulosos.

Para cuando tengo miedo o ansiedad

Confío en el universo y su plan
perfecto.
Respiro y me siento tranquila.
Tengo un excelente día.
Nada me queda grande.

Soy capaz de construir la vida QUE QUIERO TENER

Tengo relaciones sanas, PRÓSPERAS Y LLENAS DE AMOR

Respiro
y me
SIENTO
TRANQUILA

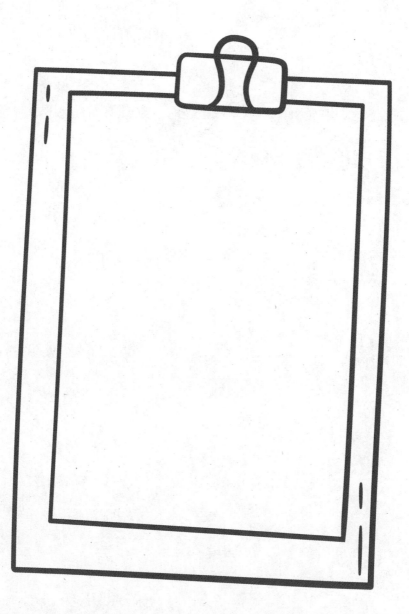

Noveno capítulo

-31 días-
PARA AMAR(ME)

La idea de escribir este libro surgió porque en mi comunidad de Instagram decidí hacer un reto por un mes entero para que todos aprendiéramos a amarnos mejor. Nos dimos cuenta de que teníamos muy abandonada la relación con nosotros mismos —y en algunos casos ni siquiera existía—, así que estos treinta y un días fueron un regalo maravilloso para construir y fortalecer el amor propio.

Ahora que llegamos al final del libro, los invito a que durante un mes revisen cada uno de estos puntos y los hagan a consciencia. ¡Les prometo que se van a divertir!

Recomendaciones:

◆ Les sugiero que hagan estos retos por la mañana, apenas se levanten. Es increíble empezar el día con una recarga de amor propio.

◆ Hay algunos retos que se pueden convertir en hábitos positivos para que los incluyan en su día a día. Los invito a que descubran cuáles son los que más resuenan con ustedes, los que más les gustan, para que los apliquen siempre.

◆ ¡Ojo! Recuerden que esto no es una competencia, y que lo más importante es que se sientan bien haciendo estos retos. Si la actividad de algún día no les gusta, ¡no la hagan! ¡No pasa nada! Si necesitan parar unos días y retomarlo más adelante, ¡no lo duden! Su salud mental siempre debe ser lo primero. No se exijan más de lo necesario.

◆ Si quieren compartirme sus retos, pueden subirlos a su Instagram con el **#AprenderAAmarme**, etiquetándome. ¡Ah! Y no olviden usar los gifs que tengo en esta plataforma. Los encuentran como "camizuluaga".

Retos para aprender a amar(me)

1. ☐ Respondan con toda sinceridad: ¿cómo se sienten hoy con ustedes mismos? ¿Cómo está su cuerpo, su salud mental y física? ¿Cómo están sus proyectos de vida, sus relaciones familiares, laborales y amorosas?

2. ☐ Cuando se despierten, piensen en cinco cosas que les gusten de ustedes, y cinco cosas por las que se sientan agradecidos. Pueden decirlas en voz alta, o simplemente pensarlas para sus adentros. ¡Yo lo hago todos los días de mi vida!

3. ☐ Van a darle a su cuerpo ocho vasos de agua diarios. Si no están acostumbrados a tomar agua, comiencen con cuatro y vayan agregando uno cada semana.

4. ☐ Es fácil definir lo que no nos gusta, lo que nos incomoda, ¿pero tenemos claro qué es lo que nos hace felices? ¿No creen que vale la pena recordarlo todos los días? Hagan una lista de todas las cosas que los hacen felices y déjenla en un lugar visible.

5. ☐ En estos treinta y un días van a conocerse a ustedes mismos. Los invito a que escriban en un cuaderno, o en su celular, todo lo que son y

todo lo que no son. Ejemplo: "Soy feliz", "No soy amargada", etcétera.

⭐ **6.** Hay cosas que podemos cambiar de nosotros mismos, así como hay otras que no y que debemos aceptar y aprender a vivir con ellas. Entre lo que podemos cambiar hay defectos de carácter, actitudes tóxicas, egoísmos, celos... ¿Qué cambiarían de ustedes? Escojan una cosa, revisen de dónde surgió ese comportamiento y creen un plan de acción para empezar a cambiarlo.

⭐ **7.** Hoy se van a dejar llevar y van a bailar sin pena. Los invito a que se paren frente al espejo y bailen sus tres canciones favoritas sin parar.

⭐ **8.** ¿Recuerdan las cualidades que revisamos en el capítulo 7? Hoy van a enumerar diez cosas en las que son súper buenos, y van a escribirlas en un lugar visible para que, siempre que les llegue un pensamiento negativo que les diga que no sirven para nada, puedan releerlas y motivarse para seguir adelante.

⭐ **9.** ¿Cómo cuidan su cuerpo? ¿Hacen ejercicio? Hoy los reto a que busquen un entrenamiento que les guste y lo realicen por veinte minutos. Si lo disfrutaron, los invito a que lo repitan mínimo dos veces a la semana.

10. Hoy es el día de aprender algo nuevo. Lean, inscríbanse en algún curso, investiguen, preparen una receta o realicen una actividad nueva que les interese y a la que nunca le hayan dedicado tiempo.

 11. Hoy van a arreglar un espacio de su casa que tengan abandonado y necesite un poco de amor.

12. ¿Recuerdan lo importante que es hacer una limpieza de las personas que siguen en sus redes sociales y no les generan felicidad ni les aportan cosas buenas? Hoy van a cuidar que su Instagram sea un lugar de motivación e inspiración y no un espacio tóxico que saque lo peor de ustedes.

13. Los reto a escribirles a tres personas que sean muy importantes para ustedes y a que les cuenten por qué están agradecidos con ellas.

14. ¿Se quejan mucho? Hoy van a anotar cuántas veces lo hacen, y en qué momentos o situaciones sucede. Al final del día van a revisar la lista y a tratar de entender qué área de su vida les molesta y por qué toman esas actitudes.

15. Hoy van a cocinar algo especial para ustedes. Preparen su receta favorita y sírvanla en un espacio bonito y mágico. Es muy importante regalarle ese tiempo a la persona más importante en su vida: ustedes.

16. ¡Hoy se pondrán creativos! Harán un *vision board,* puede ser digital o lo pueden hacer con recortes de revistas, colores, pinturas, ¡lo que quieran! El *vision board* es una cartelera en la que incluimos todo lo que queremos alcanzar; podemos usar fotos, dibujos y afirmaciones positivas para crear nuestro proyecto de vida. Es muy importante tener una referencia gráfica de nuestras metas, porque a veces no sabemos qué queremos y esto nos impide enfocarnos en hacerlas realidad. Este también es un ejercicio súper bonito de manifestación, pues cada vez que lo vean los motivará a trabajar en su futuro.

17. Ayer organizaron sus sueños en imágenes. Hoy van a escoger uno de esos proyectos y harán un plan de acción para ejecutarlo.

18. Hoy van a tener un espacio muy íntimo frente al espejo. Se van a mirar y van a decirse algo que nunca se hayan dicho. Es clave que lo hagan desde el amor, siempre con una mirada positiva. Este ejercicio fue muy especial para mí, pues por fin, mirándome a los ojos, me dije:

"Estoy orgullosa de la mujer en la que te has convertido".

19. Hoy los invito a recordar la estrategia de la media sonrisa que vimos en el capítulo 6. Si en el transcurso del día tienen un momento retador o difícil, aplíquenla y verán cómo todo mejora de inmediato.

20. ¡Hoy no van a hacer nada! La idea es que no se sientan mal por ello. Este reto fue super difícil para mí, pues estoy acostumbrada a siempre estar ocupada haciendo algo, y cuando no soy productiva me siento fatal, pero debemos encontrar el balance en nuestras vidas. Les recomiendo que hagan este reto un día del fin de semana, para que no interfiera con su trabajo ni con sus obligaciones.

21. Ahora que ya conocen todas las cualidades que existen, piensen en cuáles les gustaría tener y por qué. Luego, definan qué van a hacer para lograrlo. Por ejemplo, a mí me encantaría ser más paciente. ¡Estoy trabajando en ello!

22. Los invito a que hoy recuerden qué relaciones del pasado los marcaron, ya sean amorosas, familiares, laborales, etcétera. Intenten pensar en algo bueno que les hayan dejado. Sé que este ejercicio puede ser doloroso, pero es una manera de cerrar ese ciclo, sanar y olvidar. Es una forma de quitarles el poder en tu vida, de darles las gracias y decirles adiós. Es hora de dejarlas ir.

23. Busquen una meditación de amor propio (¡en YouTube hay millones!) y regálense ese momento con ustedes. No tiene que ser muy larga, lo importante es que la hagan a consciencia.

24. Tengan un día de spa en casa. Pueden usar los productos que ya tienen, o hacer sus propias mascarillas. En internet hay un montón de ideas que les pueden servir de inspiración. La idea es que se cuiden, se consientan y se contemplen.

25. Hoy va a ser el día del perdón. Van a perdonarse a ustedes mismos (porque ahí empieza todo, recuérdenlo siempre). Hagan una carta en donde se pidan perdón por algo que no les gustó, por alguna actitud que tuvieron y les hizo daño, por algo de ustedes que no los hace felices; después léanla en un espacio tranquilo, donde se sientan seguros. Cuando acaben, pueden quemarla o guardarla en un lugar especial.

26. Escojan su afirmación positiva favorita y pónganla de fondo de pantalla en su computador o en su celular. También pueden compartirla en sus redes sociales, ¡la idea es que la tengan súper presente todo el tiempo!

27. Hoy los reto a hacer una minisesión de fotos. No tiene que ser nada elaborado; tómense varias fotos en un lugar que les guste, intenten hacer diferentes poses y diviértanse mucho en el proceso. Después van a mirar las fotos y, en vez de ver algo que no les gusta de ellas, van a resaltar lo que sí les gusta. Hoy se enfocarán solo en lo positivo.

28. Los reto a confiar en la voluntad de un poder superior, a no forzar las cosas. Si se sienten conectados con este reto, les aconsejo que lo hagan todos los días de sus vidas, no solo hoy, pues alivianará su ansiedad y les quitará un peso enorme de encima.

29. Este mes se han podido conocer mejor, ¿verdad? Hoy los invito a que piensen en tres cosas que les gustaría cambiar para poder vivir más plenos y felices. Puede ser desde hacer más ejercicio hasta adoptar las afirmaciones positivas todas las mañanas. ¡Eso lo deciden ustedes!

30. Hoy van a escribir un manifiesto de cómo eligen vivir su vida de ahora en adelante (les compartiré el mío al final de este libro, para que les sirva de guía). ¿Qué van a tolerar? ¿Qué no van a aceptar? ¿Con qué personas se van a juntar? ¿Cuáles serán sus límites? ¿Qué clase de relaciones tendrán? Escríbanlo, léanlo cuantas veces sea necesario e interiorícenlo: desde este momento vivirán bajo esas premisas que eligieron, que los llevarán a una vida en armonía y en paz.

31. Para terminar, volvamos al inicio de este reto maravilloso. Respondan con toda sinceridad: ¿cómo se sienten hoy con ustedes mismos? ¿Cómo está su cuerpo, su salud mental y física? ¿Cómo están sus proyectos de vida, sus relaciones familiares, laborales y amorosas? Ahora revisen lo que escribieron el primer día del reto, ¿hay alguna diferencia? Reflexionen sobre esto.

Aunque este reto dura solo treinta y un días, los invito a crear el reto de sus vidas: busquen todos los días la plenitud y trabajen constantemente para lograrla. ¡Me encantaría conocer qué otros retos se inventan! Si quieren compartírmelos, ya saben dónde encontrarme.

Con este libro espero haber logrado despertar su amor propio para que tengan relaciones saludables, lindas y felices, porque, al final, de eso se trata la vida; cuando aprendemos a amar y a tener relaciones sanas, **entendemos que el dolor no es una opción**. Recuerden que no vinimos a este mundo a sufrir, sino a vivir en armonía.

manifiesto final

Hoy decido vivir mi
vida con plenitud,
pues me lo merezco, porque soy
una persona maravillosa y única.

Nadie me volverá
a faltar al respeto.
No toleraré relaciones
tóxicas ni malas
vibras en mi día a día.

Intentaré siempre tener relaciones
sanas y felices, que me llenen
de emoción y no de dolor.

Seré un imán de bendiciones para
mí y para mis seres queridos.
No dejaré que la negatividad
entre a nuestras vidas.

Y cada vez que me mire al espejo,
recordaré lo mucho que me amo
y lo orgullosa que estoy de mí.

«Para viajar lejos no hay mejor nave que un libro.»

EMILY DICKINSON

Gracias por tu lectura de este libro.

Consíguelo también en audiolibro, leído por la autora.

En **Penguinlibros.club** encontrarás las mejores
recomendaciones de lectura.

Únete a nuestra comunidad y viaja con nosotros.

Penguinlibros.club